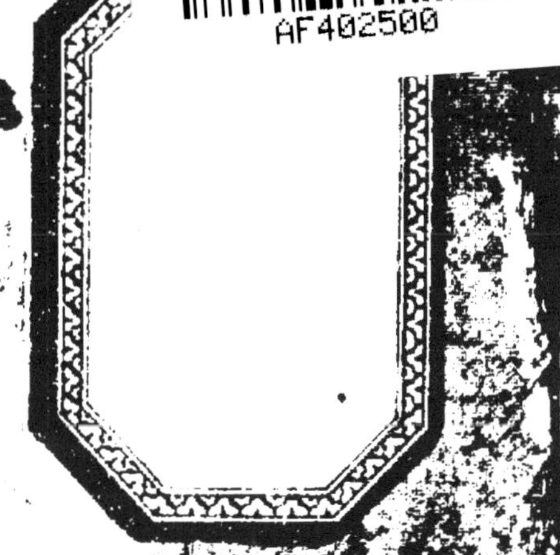

ÉPOQUES

ET

FAITS MÉMORABLES

DE L'HISTOIRE

D'ANGLETERRE.

« Je ne reconnaîtrai pour authentiques
que les exemplaires qui porteront ma signa-
ture, et je poursuivrai les contrefacteurs. »

Déguisé en Menestrel il pénétre dans le
Camp des Danois.

ÉPOQUES

ET

FAITS MÉMORABLES

DE L'HISTOIRE

D'ANGLETERRE,

DEPUIS ALFRED-LE-GRAND JUSQU'A CE JOUR.

Ouvrage composé pour donner aux jeunes gens une idée de ce que les annales de ce pays contiennent de plus intéressant;

AVEC HUIT GRAVURES EN TAILLE-DOUCE.

PAR R.-J. DURDENT.

PARIS.

A LA LIBRAIRIE D'ÉDUCATION ET DE JURISPRUDENCE

D'ALEXIS EYMERY,

Rue Mazarine, n°. 30.

1815.

IMPRIMERIE DE J. B. IMBERT,

RUE DE LA VIEILLE-MONNAIE.

PRÉFACE.

Les *Epoques et Faits mémorables de l'Histoire de France*, que l'on réimprime en ce moment, ont été accueillis par ceux pour qui ce recueil a été composé; je veux dire les jeunes gens et les personnes qui président à leur éducation. J'ai donc cru devoir adopter pour ce nouvel ouvrage un plan absolument semblable. J'ai joint, en conséquence, au récit des faits les plus importans et les plus authentiques, un aperçu de la littérature et des arts en Angleterre, depuis le temps où on a commencé à les y cultiver jusqu'ànos jours.

Ici se bornerait cette préface, si je ne devais la terminer par un éclaircissement qui m'a paru nécessaire.

L'histoire d'Angleterre est tellement mêlée avec la nôtre, les deux peuples ont eu si souvent des relations, (par malheur plutôt guerrières qu'amicales) que j'avais surtout à craindre de tomber dans les répétitions, si je n'eusse pas pris d'avance un parti qui me permettait de les éviter. Tout événement important a été rapporté à celle des deux nations pour laquelle il l'était davantage. Je m'explique : l'indiscipline ou d'autres causes nous ont quelquefois fait perdre des batailles : je les ai mentionnées dans ce recueil et non dans l'autre. A la vérité j'avais inséré dans le premier le récit de la bataille de Poitiers, comme un mémorable exemple des suites désastreuses que peuvent avoir pour les nations l'obstination de leurs chefs. Aussi ne le retrouvera-t-on point ici; mais on y trouvera le récit des journées de Créci et d'Azincourt, parce que les Anglais y eurent l'avantage. Quelque répugnance qu'un Français éprouve à revenir sur de tels désastres, ils ont eu lieu, ils appartiennent à l'histoire, et j'ai dû, pour rester fidèle à mon titre, ne pas les dissimuler. Il en a été de même d'un assez grand nombre de catastrophes sanglantes que les annales d'Angleterre me présentaient. Il m'était impossible de ne pas les consigner dans mon recueil. L'histoire des nations, on le conçoit parfaitement, n'est que ce qu'elles la font elles-mêmes. Heureuses celles qui profitent des leçons que leur donnent viij

tant de pages affligeantes, et qui se
persuadent qu'un amour , un respect
invariables pour les souverains légitimes, et l'absence des dissensions intes-
tines ou des guerres avec les étrangers,
peuvent seuls assurer leur repos et leur
prospérité !

ÉPOQUES

ET

FAITS MÉMORABLES

DE L'HISTOIRE

D'ANGLETERRE.

Quelques traits de la vie d'Alfred-le-Grand. Il s'introduit dans le camp des Danois, déguisé en joueur de harpe. Vertus et grandes qualités de ce prince.

Ce recueil de faits authentiques ne remontera ni au temps où les Romains possédaient, du moins en partie, la Grande-Bretagne, ni même à l'époque, mêlée de tant de fables, où régnait le roi Artus, si fameux par ses chevaliers et sa *table ronde*. Pour n'embrasser que les époques où l'histoire mérite de la confiance, j'ai commencé à Clovis un semblable ouvrage sur la nôtre ; je commencerai

5

celui-ci au roi Alfred, si digne du nom de *Grand*, que les peuples reconnaissans lui donnèrent, et qui ne lui fut, qui ne lui sera jamais contesté chez la postérité.

871. Il était fils d'Ethelwulph, et frère puîné d'Ethelred, auquel il succéda en 871. Envoyé à Rome dès l'âge de cinq ans, il y reçut la confirmation des mains de Léon IV, qui, dit-on, fut frappé de ses traits, et prédit sa grandeur future. S'il n'était guère probable qu'Alfred, le plus jeune de quatre frères, réalisât cette prédiction, et montât sur le trône, il fut loin, lorsqu'elle fut confirmée par les événemens, de goûter en paix les avantages attachés au rang suprême.

Les Danois païens ravageaient l'Angleterre. Alfred, qui les avait battus, sans pouvoir les soumettre, sous le règne d'Ethelred, fit avec eux, lorsqu'il fut roi, des traités qu'ils n'observèrent pas long-temps. Voyons-le dans les circonstances les plus critiques de sa vie.

876. En 876, il arriva un si grand nombre de ces farouches aventuriers sur le sol de la Grande-Bretagne, que ceux avec lesquels Alfred avait traité, n'ayant pas assez de terres pour les partager avec les nouveaux venus, dirigèrent de nouveau contre ce

prince des forces immenses. Pour éviter leurs cruautés, la plupart de ses sujets ou s'enfuirent dans le pays de Galles, ou prêtèrent serment à ces envahisseurs.

Alfred, roi titulaire d'un peuple découragé, crut devoir céder pour quelque temps à l'orage. Il pourvut à la sûreté de sa famille, en la cachant dans les demeures de quelques sujets fidèles; pour lui, il s'engagea au service de son propre vacher, dont la femme ne le connaissait pas. Dans cet état abject, dont il remplissait toutes les fonctions, il ne perdait pas de vue le plan qu'il avait formé pour reconquérir ses Etats. Des serviteurs, ou plutôt des amis fidèles, s'engagèrent par serment à le seconder; et, retirés dans les forêts et les marécages du Sommerset, ils tombèrent souvent avec avantage sur les Danois écartés, auxquels ils n'accordoient aucun quartier. Leurs succès, le butin qu'ils remportaient, leur donnèrent des compagnons. Alors ils se retirèrent près de Taunton, bourgade de l'île d'Athelney, dans une demeure vraiment inaccessible.

Une petite forteresse, construite au milieu des marais, fut leur asile et celui d'Alfred, qui était venu se mettre à leur tête. On n'y parvenoit que par un sentier où un seul homme pouvait passer, encore n'était-ce que pendant l'été. L'unique ennemi qu'ils eussent à craindre dans cette retraite, c'était la famine. Elle les fit cruellement souffrir pendant quatre mois; mais la constance d'Alfred et sa confiance dans le ciel, soutinrent leur courage : ils résolurent de tout supporter.

Un événement heureux releva leurs espérances. Ubba, chef principal des Danois, vint assiéger, dans le château de Kenwith, Odun, comte de Devon. Cet homme intrépide exhorta ses soldats à se frayer un chemin, les armes à la main, parmi des ennemis implacables. La sortie eut les suites les plus heureuses ; Ubba fut tué avec un grand nombre des siens, et les vainqueurs prirent l'étendard sacré des Danois. Il représentait un corbeau, et avait été fait par les sœurs mêmes du chef des assaillans.

Alfred avait alors assez de guerriers sous ses ordres pour tenter une action d'éclat; mais il voulut auparavant bien connaître ses ennemis, et prit en conséquence une résolution qui pouvait avoir pour lui les suites les plus funestes.

Au milieu de la barbarie dans laquelle ces oppresseurs de l'Angleterre étaient plongés, ils étaient, comme toutes les nations plus ou moins sauvages, très - sensibles à l'harmonie et aux chants qui retraçaient des actions belliqueuses. Les Bardes, ou poëtes, étaient sacrés pour eux. Les minstrells ou joueurs de harpe, obtenaient leurs respects, et avaient la permission de se présenter partout, avec la certitude d'être bien reçus.

Alfred, qui avait cultivé son éducation beaucoup plus que la plupart de ses contemporains, s'affuble du costume des minstrells, prend sa harpe et pénètre hardiment dans le camp de ceux qui l'ont chassé de ses Etats. Parvenu jusqu'aux tentes des principaux chefs, il charme ces hommes grossiers par des chants qui sans doute se ressentaient de la rudesse du siècle, mais supérieurs à tout ce qu'ils avaient entendu jusque là. Fêté, accueilli, il reste pendant plusieurs jours au milieu d'eux, observant d'un œil attentif les endroits faibles, et les quitte enfin, lorsqu'il a recueilli toutes les notions qu'il désirait. Certes, son entreprise était très-périlleuse ; car si un seul de ses ennemis l'eût reconnu, les égards accordés aux minstrells l'eussent faiblement protégé : son déguisement eût été puni de la mort la plus cruelle.

A peine de retour, il envoie de tous côtés des hommes sûrs qui indiquent de sa part un rendez-vous général à ses sujets dans la forêt de Selwood.

Ils s'y rendent avec empressement. La connaissance qu'ils ont de sa tentative audacieuse accroît encore leur confiance et leur amour pour lui. Dans la semaine qui précède la Pentecôte, il marche contre les Danois, campés à Yattendun, à l'extrémité du Hampshire. Dès le troisième jour au matin, il est près d'eux, sans qu'ils sachent encore qu'il a pris les armes. Alors, les attaquant avec impétuosité, il en taille en pièces une grande partie, d'autres se sauvent dans un camp fortifié qu'ils ont près de là ; mais quinze jours plus tard ils sont obligés de se rendre.

Alfred, persuadé que la clémence le servira mieux qu'une extrême rigueur, leur propose cette alternative, de quitter l'Angleterre, en prenant leurs divinités à témoin qu'ils n'y reviendront jamais, ou d'embrasser le christianisme, en se contentant des terres qu'il leur distribuera. Quelques-uns partent sous un chef appelé Hastings, et vont désoler la Flandre. Mais Gothrun, alors leur chef suprême, et trente de ses principaux sujets, se convertissent à Aller en Sommersetshire, où Alfred établit sa demeure. Lui-même est le parrain de Gothrun, auquel il donne le royaume d'East-Anglie et le comté d'Essex, pour les gouverner, en se reconnaissant son vassal.

Cette méthode fut toujours celle qu'Alfred employa ; elle lui réussit fréquemment. Il convertit des ennemis inquiets en sujets fidèles et paisibles.

Alors ce grand prince s'applique à donner des lois à ses peuples, à substituer l'ordre, l'amour de l'agriculture, du commerce et d'une vie sédentaire à l'esprit de rapine et de brigandage. Il fortifie les côtes et fait l'importante conquête de Londres. Cette ville facilitait aux Danois l'arrivée dans ses Etats par la Tamise. Enfin il jette les fondemens de la grandeur navale de l'Angleterre. Non content de repousser les Danois sur terre, il équippe une flotte pour les écarter même de ses côtes ; et, pour premier exploit, il détruit seize de leurs vaisseaux dans le port de Harwich.

La renommée d'Alfred fait alors autant pour lui que sa valeur et sa prudence. Les princes du pays de Galles se reconnaissent ses vassaux, et les Northumbriens lui demandent un roi.

Douze ans de tranquillité lui permettent

de poursuivre et de perfectionner ses admirables projets. Il encourage les arts et les sciences ; il attire par ses bienfaits des artistes, des savans étrangers ; il règle que les états s'assembleront deux fois par an à Londres, qu'il proclame capitale de l'Angleterre. Il fixe à Oxford la résidence de plusieurs hommes très-éclairés pour ce temps. Trois colléges s'y établissent par les fondations qu'il fait, et il mérite ainsi d'être considéré comme le fondateur de cette université fameuse.

Si dans la suite les Danois font de nouvelles agressions, il sait leur résister, et finit par les soumettre, ou les forcer à laisser l'Angleterre en paix.

Ce ne serait que dans une histoire complète de ce prince immortel que l'on pourrait donner une idée précise de tout ce qu'il fit pour son peuple. Sincèrement pieux, il encouragea de tout son pouvoir, mais sans jamais recourir à la violence, la propagation du christianisme. Outre ses grandes qualités comme législateur, souverain et guerrier, il méritait par ses vertus personnelles, l'amour, et on peut dire la vénération de tous ceux qui l'approchaient. Cet excellent monarque, cet homme si supérieur à son siècle, sut tirer du temps le meilleur parti ; car sa carrière, souvent agitée, ne fut pas très-longue. Il mourut en 897, âgé seulement de cinquante-deux ans. Sa mort plongea dans le deuil toute une nation qui lui devait des établissemens, des lois et des institutions dont elle a toujours en raison d'être fière et de se féliciter. En un mot, si l'on considère ce que fit Alfred pour le bonheur des Anglais, les circonstances où il se trouva, et les obstacles qu'il eut à vaincre, on se convaincra facilement que s'il y eut des monarques dignes de lui être comparés, peut-être n'en exista-t-il jamais que l'on puisse raisonnablement placer au-dessus de lui.

Guerre de Guillaume-le-Conquérant contre le Roi de France Philippe Ier. Mort de Guillaume.

FAISANT succéder ce recueil aux *Epoques et Faits mémorables de l'histoire de France*, j'ai soin, comme j'en ai averti dans la préface, d'éviter les répétitions, et de rapporter chaque événement à celui des deux peuples qu'il touche d'une manière plus intime. Ainsi Guillaume étant duc de Normandie et vassal du roi de France, lorsqu'il gagna la bataille d'Hastings, cette mémorable journée est rapportée dans le recueil précédent. Maintenant que Guillaume est reconnu roi d'Angleterre, je retracerai ici, non tous les événemens de son règne, qui ne doivent entrer que dans son histoire complète ; mais ceux qui précédèrent immédiatement la mort de ce guerrier si redoutable.

Guillaume, devenu d'une grosseur extrême, paraissait ne devoir pas courir de nouveau les chances de la guerre ; mais l'état même où il se trouvait occasiona de la part de Philippe Ier, roi de France, une raillerie dont le conquérant se formalisa. « Quand donc accouchera - t - il ? » dit le monarque français. Ce propos fut rendu à Guillaume, déjà mécontent d'une rixe élevée entre Henri son dernier fils , et Louis , fils aîné de Philippe. Il répondit avec aigreur : « Qu'il irait faire ses *relevailles* à Notre-Dame de Paris , avec plusieurs milliers de lances en place de cierges. »

Aussitôt faisant revivre des prétentions sur le Vexin français , il entra par la Normandie dans la province dite l'*île de France*, et prit la ville de Mantes d'assaut. Dès lors on put connaître à quel point il était exaspéré. Par son ordre cette cité malheureuse devint la proie des flammes , et il n'excepta pas même de la ruine générale les lieux consacrés par la religion. Ce fut la cause de sa mort : son cheval , marchant sur des cendres brûlantes, le jeta par terre en avant , et Guillaume se blessa dangereusement au pommeau de la selle. Transporté à Rouen , il comprit bientôt que sa fin était proche , et fit de grandes largesses à divers couvens , surtout à celui de Mantes, qu'il avait si cruellement dévasté. Son testament fut très-singulier. Il détestait Robert , son fils aîné, qui s'était révolté contre lui, et qui même l'avait, sans le connaître , porté par terre d'un coup de lance sous les murs de Gerberoi en Beauvoisis. Il lui laissa cependant la Normandie et le Maine , ne voulant pas le déshériter totalement. Guillaume , son second fils , fut désigné par lui roi d'Angleterre , et fortement recommandé aux seigneurs de ce pays. Henri , le troisième , n'eut pas la plus légère portion de territoire , et dut se contenter de 5000 livres sterling , outre la dot de sa mère. (1) Enfin Guillaume , âgé de soixante - un ans , duc de Normandie depuis cinquante-deux ans , et roi d'Angleterre depuis vingt-un ans , fut transporté près de Rouen dans un village que les historiens appellent *Kermentrude* , et dont le nom a certainement changé depuis. Il y mourut l'an 1087.

On transporta , selon qu'il l'avait désiré , son corps à une église qu'il avait fondée dans la ville de Caen. Henri , en l'absence de ses frères , présida aux funérailles , et , peu sa-

---

(1) Par la suite des événemens , Henri posséda tout ce qui avait été donné à ses deux frères ; il fut le successeur de Guillaume , et dépouilla Robert, qu'il traita de la manière la plus barbare.

tisfait sans doute de la part que son père
lui avait accordée, il agit de sorte qu'elles
n'eussent rien eu de remarquable, sans un
événement fort extraordinaire auxquelles
elles donnèrent lieu. A peine avait on commencé le service funèbre dans l'église dédiée
à saint Étienne, qu'un simple particulier
nommé Asselin fendit la foule, et déclara
aux prêtres qu'il ne permettrait pas la con-
tinuation de la cérémonie. « Ce terrain, s'é-
» criait-il, appartenait à mon père ; Guil-
» laume le lui a ravi sans motif ; je le
» réclame, et je ne souffrirai pas qu'on y
» enterre le souverain. » Quoi que l'on ait
dit et répété mille fois sur l'assujétissement
des citoyens à cette époque, il est certain
que l'on crut devoir alors examiner les droits
d'Asselin, qu'on lui rendit justice, et que
l'on n'enterra le corps de Guillaume qu'après
avoir payé à cet homme une somme d'argent, moyennant laquelle il se désista de
ses prétentions. Ainsi l'héritier d'un duché
opulent, le conquérant d'un royaume, un
prince la terreur de ses ennemis, et peut-
être aussi de ses sujets, ne put obtenir qu'à
prix d'or un peu de terre pour être inhumé.

Démêlés violens de Henri II avec Thomas Becquet, archevêque de Cantorbery, et leurs suites.

JE me garderai bien d'entretenir mes jeunes lecteurs des détails fatigans de ces longs démêlés ; je veux seulement leur dire quelques mots de ces dissensions funestes qui troublèrent le règne de Henri II. Mon but est de leur présenter ainsi une esquisse des mœurs du douzième siècle.

Henri II régnait depuis près de neuf ans sans avoir trouvé d'obstacles à ses volontés, lorsqu'en 1163 Thomas Becquet, depuis peu archevêque de Cantorbery, eut avec lui des différends qui jetèrent beaucoup de trouble en Angleterre. Becquet, lorsque le roi lui avait témoigné le désir de l'élever à ce premier siége ecclésiastique du royaume, lui prédit qu'il lui ôterait bientôt son amitié. En effet, il soutint avec hauteur contre un prince accoutumé à l'obéissance, les droits attachés à son siége ; et comme le roi l'avait déjà nommé chancelier, il lui renvoya les sceaux. Dès lors leur animosité mutuelle ne fit que s'accroître. Becquet vit ses biens et ses châteaux confisqués par ordre du roi : il abdiqua, vint en France, prit l'habit monastique, fut nommé légat du pape Alexandre III, et sachant que Henri était malade, se contenta de le menacer des censures ecclésiastiques s'il ne réparait les torts qu'il lui imputait contre le clergé ; mais en même temps il excommunia formellement les ministres du monarque.

Ces funestes dissensions duraient depuis sept ans, lorsqu'en 1170 le roi et l'archevêque se réconcilièrent. Becquet revint à Cantorbery, où le peuple le reçut avec de grandes démonstrations de joie. Il fit publier ses pouvoirs de légat, et traita les officiers du roi avec mépris. Il se disposait à se rendre auprès de ce prince avec un grand nombre de chevaliers dépendant de son siége, lorsque Henri lui fit défendre en chemin d'avancer davantage. Il obéit, mais en déclarant qu'il ne s'y serait pas déterminé s'il n'eût eu le dessein de célébrer dans son église de Cantorbery les fêtes de Noël. Le jour de cette solennité il excommunia deux officiers du roi, Nigel de Sackeville et Robert de Broke, pour avoir coupé la queue de son cheval de somme. Il étendit cette mesure d'une extrême sévérité à un nombre considérable de ministres, officiers ou juges, ainsi qu'à des personnes de la plus grande qualité.

Henri solennisait à Bures près Bayeux les mêmes fêtes. On lui apprit les nouveaux actes de rigueur que Becquet s'était permis. Alors, animé par la colère, il se plaignit amèrement de ce qu'un homme qu'il avait tiré de la poussière faisait le tourment de sa vie ; il ajouta même que s'il avait eu des amis sincères, il n'aurait plus rien à redouter de ce prêtre arrogant. Ces paroles furent entendues, et peut-être interprêtées comme il ne l'aurait pas voulu, quand il fut redevenu calme. Quoi qu'il en soit, quatre des barons de sa maison, Guillaume de Tracy, Renaud Fitzurze, Hugues de Moreville et Richard Brito, s'engagèrent par serment à venger leur prince. Partis secrètement, ils se réunirent à Saltwood, à six milles de Cantorbery. Henri se ressouvint des paroles qui lui avaient échappé, et soupçonna leur funeste dessein ; il envoya des messagers après eux pour leur défendre toute violence ; mais il n'était plus temps.

De l'avis de son conseil, il avait résolu de faire arrêter Becquet, et donné à cet égard des ordres positifs, que la diligence des quatre chevaliers rendit inutiles. Au château de Saltwood ils furent joints par douze autres qui furent chargés de contenir les habitans de Cantorbery. Les quatre s'emparèrent des portes, saisirent et désarmèrent trois chevaliers de l'archevêque, qu'ils donnèrent en garde à leurs associés. Ensuite ils marchèrent à l'appartement de Becquet, qu'ils accablèrent des plus violens reproches. Le prélat leur répondit qu'il ne dépendait du roi que pour le temporel ; et à son tour reprocha à trois d'entr'eux qui avaient été à son service quand il était chancelier, leur ingratitude envers lui. Saisis de colère et peut-être de honte, ils allèrent chercher leurs armes ; car il est à remarquer qu'ils n'en avaient pas pris pour paraître devant lui. Becquet pouvait fuir pendant cet intervalle : quelques-uns même de ses moines l'en pressèrent ; mais soit qu'il crût que son caractère de ministre de la religion le mettrait à couvert de tout attentat, soit qu'il se regardât comme destiné à la gloire du martyre, il se rendit à l'église pour assister aux vêpres. Les quatre assassins l'y suivirent, armés d'épées et de masses, et lui firent quatre blessures à la tête ; il tomba mort devant un autel dédié à

B

saint Benoît, et sur lequel rejaillirent son sang et sa cervelle.

L'intrépidité, la résignation de l'archevêque, les circonstances odieuses de ce meurtre, le lieu où il avait été commis, produisirent sur les esprits du peuple un effet prodigieux. Les meurtriers en s'enfuyant avaient laissé ouverte la porte de l'église : la foule accourut vers le corps, que les moines avaient placé sur le grand autel, et chacun trempant le doigt dans son sang, dont il se faisait des croix au front, plaçait Becquet au rang des martyrs et des bienheureux. Les moines, craignant que les assassins ne revinssent pour jeter le corps dans quelque lieu profane, l'enterrèrent secrètement dans un coffre de pierre, près de l'endroit où on l'avait tué. Il y resta jusqu'à ce que dans la suite le pape Honorius II le fit placer dans une châsse magnifique.

Les meurtriers se retirèrent dans un château du comté d'Yorck, appartenant à Hugues de Moreville, l'un d'eux ; ils y restèrent un an, isolés de toute société ; mais fatigués de cette existence, ils allèrent trouver le roi, qui leur conseilla d'implorer à Rome leur pardon du pape. Le chef de l'église ne voulut pas venger le sang par le sang, il leur ordonna de faire à Jérusalem un pèlérinage expiatoire. Deux ans après sa mort l'archevêque fut canonisé par le même Alexandre III, sans que l'on eût, dit-on, observé toutes les formes usitées. Le pape adressa au clergé et au peuple d'Angleterre une bulle par laquelle il établissait une fête annuelle en l'honneur du martyr Becquet, connu depuis cette époque sous le nom de saint Thomas de Cantorbery. (1)

Henri II eut bientôt à gémir d'avoir été trop vengé. Des princes du Continent pressèrent le pape de le punir de la manière la plus terrible. Ses possessions situées hors de l'Angleterre furent mises en interdit par l'archevêque de Sens, légat en France; enfin ses propres sujets ne le regardèrent plus qu'avec horreur : il perdit toute sa puissance.

Cédant à la nécessité, il envoya au pape des ambassadeurs qui eurent beaucoup de peine à se faire donner audience; mais le

---

(1) Quarante ans plus tard, un Normand nommé Roger soutint dans l'Université de Paris, que Becquet, malgré sa canonisation, était damné, comme traître et rebelle à son roi.

souverain pontife prit enfin d'autres sentimens pour Henri II, quand il sut que ce prince se soumettait en tout à son jugement.

Henri alla faire la conquête de l'Irlande, commencée par quelques aventuriers anglais. Le pape confirma ses droits sur ce pays, et dans la même année deux légats, après d'assez vives contestations, lui donnèrent l'absolution du meurtre de Becquet. Le roi se soumit à faire, si le pape l'exigeait, le voyage de Palestine, et à payer une somme d'argent aux Templiers armés pour la défense de Jérusalem. Il déclara de plus, de son propre mouvement, qu'il n'avait pas eu de part à la mort de l'archevêque, et qu'à la première nouvelle qu'il en avait reçue, il en avait été pénétré de douleur. Il pouvait affirmer ce fait sans être parjure, car alors il était resté enfermé trois jours dans sa chambre, sans vouloir prendre de nourriture ni admettre de consolation.

Cette réconciliation de Henri avec l'Eglise eut lieu en 1172, deux ans après le meurtre de Becquet; mais en 1174, revenant en Angleterre pour s'opposer à une invasion qu'il craignait de la part des Français, il prit le parti de donner une autre satisfaction à son peuple, pour qui la sainteté de Becquet n'était nullement douteuse, et qui croyait fermement aux nombreux miracles que l'on prétendait s'opérer par la vertu de ses reliques. Henri, résolu de se soumettre à une pénitence publique, n'évita rien de ce qu'elle pouvait avoir d'humiliant. Il traversa la ville pieds nus, et reçut la discipline de la main des moines, qui le traitèrent avec une extrême sévérité : il passa le jour en jeûnes et en prières, veilla toute la nuit près du saint, et fit une fondation de cinquante liv. ster. par an, pour un luminaire autour de la tombe. De retour à Londres, il fut dédommagé des momens cruels qu'il avait passés, en apprenant que ses troupes venaient de vaincre et de faire prisonnier Guillaume, roi d'Écosse.

Le fait suivant tient trop à tout ce qui vient d'être rapporté pour pouvoir être omis. En 1179, Louis le jeune, roi de France, témoigna le désir d'aller visiter le tombeau de saint Thomas de Cantorbery, et d'y faire un vœu pour son fils Philippe, alors dangereusement malade. Henri s'empressa de lui envoyer un sauf-conduit. Le monarque français, débarqué à Douvres, se rendit au tombeau de saint Thomas, y fit ses prières, et accorda un don de cent muids de vin par an à l'église du Christ, où le corps du saint était déposé. A son retour en France il trouva son fils guéri ; mais lui-même fut frappé à Saint - Denis d'une attaque d'apoplexie qui l'empêcha d'assister en personne au couronnement de Philippe, qu'il avait fixé à cette époque.

Richard Ier, dit Richard Cœur-de-Lion, se croise contre Saladin. Son retour en Europe, sa captivité, sa délivrance et sa mort.

Dans cette expédition, faite avec Philippe-Auguste, Richard, comme je l'ai dit (*Epoques et Faits mémorables de l'Histoire de France*), eut avec ce prince des démêlés fréquens, et le roi de France, fatigué d'être bravé par son vassal, attaqué d'ailleurs d'une maladie grave, revint dans ses Etats, laissant sous les ordres de Richard un corps d'élite de dix mille hommes d'infanterie et cinq cents chevaliers, payés pour trois ans. Maintenant je ne m'occuperai que du seul Richard, en indiquant jusqu'au moment de sa mort les principales actions d'un prince qui pour sa valeur, mais aussi, de l'aveu même des Anglais, pour sa cruauté, fut surnommé *Cœur-de-Lion.*

Il venait d'avoir, en 1190, une entrevue avec le roi de France, lorsqu'il s'embarqua à Marseille, avec une armée de cinquante mille hommes.

Arrivé à Messine, où il se proposait de passer l'hiver, il s'empara, pour sa sûreté, de deux forts châteaux. Les habitans, alarmés, et croyant qu'il avait dessein de les soumettre, eurent avec ses troupes des querelles que le fougueux Richard termina en prenant la ville d'assaut. Il conclut ensuite un traité avec Tancrède, roi de Sicile, à qui l'empereur Henri VI disputait la couronne, et qu'il considérait comme un usurpateur. Richard dicta la loi dans ce traité, qu'il paya chèrement par la suite.

Une aventure particulière fit de plus en plus connaître l'impétuosité du caractère de Richard. Se promenant à cheval avec plusieurs chevaliers, il aperçut un homme qui conduisait un âne chargé de bâtons. Richard les distribua à sa troupe, et ils commencèrent à s'en escrimer. Il avait choisi pour antagoniste Guillaume des Barres, fameux parmi les chevaliers français pour sa force et son adresse, et autrefois fait prisonnier par lui dans une escarmouche près de Mantes. Dans ce jeu guerrier, des Barres déchira l'habit du roi, qui devint furieux, l'attaqua sans ménagement, et fut désarçonné. Humilié de cette déconvenue, il chassa des Barres et lui défendit de jamais reparaître devant lui ; mais il lui vit faire ensuite, contre les Musulmans, tant d'actions courageuses, qu'il lui pardonna de l'avoir vaincu.

Richard ayant été joint par Bérengère, fille de Sanche, roi de Navarre, et sa fiancée, partit avec elle et Jeanne, sa propre sœur, reine douairière de Sicile. Sa flotte, de plus de deux cents vaisseaux, fut battue d'une tempête, et deux d'entre eux échouèrent sur les côtes de Chypre. Isaac, qui avait pris le titre d'empereur de cette île, fit dépouiller et mettre en prison les Anglais qui purent gagner le rivage, et ne voulut pas permettre qu'un troisième vaisseau, où étaient Jeanne et Bérengère, cherchât un abri dans le port de Limerol. Une telle dureté ne pouvait manquer d'irriter Richard. Il attaqua Isaac, le battit deux fois, et se vit bientôt maître de toute l'île. Alors il épousa Bérengère dans cette même ville de Limerol où on n'avait pas voulu la recevoir quelques jours auparavant, et se déclara souverain de l'île de Chypre. Les habitans se soumirent sans peine à sa domination, soit par haine pour Isaac, soit parce qu'ils cédaient à la nécessité.

Richard nomma deux de ses chevaliers

gouverneurs de l'île, et repartit pour Saint-Jean d'Acre, ou Ptolémaïs, avec les deux reines et la princesse de Chypre. On pourrait être assez surpris de voir cette dernière prendre part à l'expédition, si les historiens, à l'exception de ceux qui ont voulu jeter un voile officieux sur les fautes de Richard, ne nous en donnaient la raison. A peine époux de Bérengère, il était devenu amoureux de la fille d'Isaac. Au reste, cette passion illégitime ne l'empêcha pas de déployer sa valeur. Il commença par couler à fond un vaisseau d'une énorme grandeur, et monté de quinze cents hommes, que Saladin envoyait aux assiégés, avec des munitions de toute espèce. L'arrivée de Richard excita une joie générale. Philippe avait eu la délicatesse de l'attendre pour livrer à la place les assauts que sa reddition devait suivre; mais le bouillant et impérieux roi d'Angleterre n'en eut pas moins à son égard des procédés fort hautains. Dans un de ces assauts, il se fit encore un ennemi. Léopold, duc d'Autriche, étant parvenu avec ses chevaliers au sommet d'une tour, y fit planter, selon l'usage, sa bannière. Richard survint, arracha et jeta dans le fossé cette bannière, et y substitua la sienne. Léopold fut outré d'un affront si insigne ; mais il était le plus faible, et il dissimula.

Cependant les assiégés, réduits à l'extrémité, demandèrent à capituler. Richard régla les conditions, qui furent très-dures. Il fut convenu que s'ils n'étaient rachetés dans un temps limité pour deux cent mille bysantins, ils seraient à la discrétion du vainqueur.

Ce fut alors que Richard imprima une tache éternelle à sa gloire : il laissa bien racheter ces Musulmans; mais il avait fait dans diverses expéditions plus de cinq mille prisonniers ; et Saladin ayant refusé de lui rendre avec la vraie croix les Chrétiens ses captifs, Richard fit trancher impitoyablement la tête aux malheureux tombés entre ses cruelles mains.

Après la reddition d'Acre , Philippe-Auguste revint en France, et personne n'eut garde de disputer à Richard le commandement suprême de l'armée chrétienne. Il se mit en marche pour Joppé , le long de la mer , pour être toujours à portée de tirer des provisions de sa flotte. Saladin le suivait par des chemins pratiqués dans les montagnes, et attendait pour l'attaquer le moment favorable. Il le trouva et le saisit en grand capitaine , lorsque les Chrétiens passaient une rivière près de Césarée ; mais la valeur de Richard et de ses troupes leur fit remporter une victoire complète. Les Sarrasins éprouvèrent une perte immense que les historiens portent à quarante mille hommes. Richard marcha ensuite droit à Jérusalem , et défit une seconde fois Saladin dans les plaines de Rama. Témoin des actions intrépides qu'il avait faites dans la bataille, le chef des Musulmans, dont l'âme était généreuse et élevée, lui envoya deux superbes chevaux, et Richard en retour lui fit un magnifique présent. Le roi d'Angleterre s'empara ensuite d'Ascalon.

Conrad , marquis de Montferrat , et Gui de Lusignan , se disputaient le trône de Jérusalem , que l'on n'avait pas encore reconquise. Richard, pour mettre fin à des débats très-préjudiciables à la cause des Chrétiens , céda la couronne de Chypre à Lusignan. On ne pourrait qu'admirer sa générosité , s'il n'eût déjà vendu cette île aux Templiers pour deux mille cinq cents marcs d'argent. Au reste , il n'est pas certain qu'il eût reçu cette somme ; s'il en eût été ainsi, il aurait joint la fraude à la violation de sa parole. Conrad ne put profiter de cet arrangement : il fut poignardé dans les rues de Tyr, par deux assassins, sujets d'un souverain Musulman,

si fameux sous le nom de *Vieux de la Montagne*. Henri, comte de Champagne, ayant
succédé à Conrad, alla joindre Richard ;
mais la difficulté de se procurer des vivres,
la retraite de la division française à Tyr, et
sans doute aussi l'activité, le génie du grand
Saladin, furent cause que Richard n'entreprit pas le siége de Jérusalem. Les régens
de son royaume le pressaient d'ailleurs d'y
retourner : il s'y détermina, satisfait d'avoir
été dans tout ce pays la terreur des Musulmans. (1)

A peine était-il de retour à Ptolémaïs qu'il
apprit la prise de Joppé par l'infatigable Saladin. Le château de cette ville tenait encore;
Richard envoya ses troupes par terre à son
secours, et s'y rendit lui-même par mer
avec un petit nombre de soldats. La terreur
de son nom et ses nouveaux prodiges de valeur sauvèrent cette forteresse ; mais la situation de son royaume, et surtout la certitude
qu'il eut de ne pouvoir parvenir à triompher
de Saladin, le portèrent à entrer avec lui en

____

(1) Les historiens n'ont pas dédaigné de rapporter que les femmes des Sarrasins faisaient taire
leurs enfans en les menaçant de l'arrivée du roi
Richard.

négociation. Ils conclurent une trève de trois ans, qui, dans le fait, était bien plus favorable aux Musulmans qu'aux Chrétiens. Il fut convenu que ces derniers pourraient fortifier Joppé et habiter les places maritimes ; mais leurs ennemis demeurèrent maîtres des hauteurs qui dominaient ces places, et obtinrent que les fortifications d'Ascalon seraient démolies.

Richard s'étant embarqué à Acre prit son chemin par Raguse, parce qu'il voulait éviter le territoire français. Sa défiance était très-mal fondée, car le caractère de Philippe-Auguste ne permettait pas de croire qu'il tentât quelque trahison envers le monarque anglais, et elle jeta Richard dans un péril bien plus réel que celui qu'il voulait éviter. Il espéra pouvoir traverser l'Allemagne sous un déguisement ; mais dans un village près de Vienne il fut reconnu et amené à ce Léopold, duc d'Autriche, qu'il avait insulté devant Acre. Le duc usa indignement du pouvoir que la force et la surprise lui avaient donné. Il fit mettre Richard aux fers, et le retint dans le fort château de Diernstein, jusqu'à ce qu'il l'eût vendu soixante mille marcs d'argent à l'empereur Henri VI. Non seulement ce dernier haïssait dans Richard

un prince qui avait fait alliance avec Tancrède, possesseur du royaume de Sicile, sur
lequel l'empereur avait des droits par Constance son épouse ; mais il se promettait encore de le revendre plus cher qu'il ne l'avait
acheté. Il est constant que la conduite de
l'empereur et celle du duc furent également
odieuses , qu'aucun d'eux n'avait de droits
sur Richard , qu'aucun d'eux n'était en
guerre avec lui, que l'insulte faite par lui
au duc ne méritait pas d'être ainsi vengée ;
et qu'enfin ils devaient respecter en lui un
grand monarque , un guerrier intrépide qui
plus qu'aucun autre venait de servir en
Orient la cause des Chrétiens.

La situation de Richard était très-alar-
mante. Son frère Jean , qui fut depuis le
méprisable et odieux Jean-Sans-Terre , s'é-
tait révolté contre lui , et la vérité oblige de
dire que le roi de France fit alors avec ce
rebelle un traité d'après lequel , profitant de
la captivité de Richard , il entra en Normandie avec une armée. La bravoure des habitans de Rouen le força de lever le siége de
cette capitale de la province ; mais Richard
n'en désirait pas moins ardemment de recouvrer sa liberté , pour veiller lui-même sur
ses Etats. Il l'obtint enfin par la médiation

des princes allemands ; mais il fut obligé de payer, comme l'empereur l'avait espéré, une très-forte rançon ; elle fut fixée à cent cinquante mille marcs d'argent : à cette époque antérieure à la découverte de l'Amérique, le numéraire était très-rare ; il fallut, pour compléter la somme, mettre sur toutes les classes de citoyens en Angleterre, des impositions considérables ; les paroisses fondirent jusqu'à leurs calices.

Peu s'en fallut que l'empereur ne se saisît une seconde fois de Richard lorsqu'il l'eut solennellement remis en liberté ; mais le prince anglais fut heureusement instruit à temps de cette nouvelle perfidie ; il s'embarqua sur un vaisseau venu exprès d'Angleterre à l'embouchure de l'Escaut, et arriva enfin à Sandwich.

Cédant à l'intercession de la reine sa mère, il consentit à se réconcilier avec son frère, et à lui pardonner sa rebellion. Ensuite, après d'assez vives hostilités, il fit la paix avec Philippe en 1195 ; mais dès l'année suivante la guerre recommença. Richard y montra sa valeur accoutumée, et, entr'autres avantages qu'il remporta, défit deux fois le roi de France à Vernon et à Courcelles. Quelque temps auparavant il avait fait prisonnier Philippe de Dreux , évêque de Beauvais , et cousin germain du roi. (1)

Cette guerre fut atroce, car de part et d'autre on en vint à crever les yeux des prisonniers. Du moins elle ne fut pas de longue durée ; et les deux rois conclurent la paix en 1199.

____

(1) Ce fut ce belliqueux prélat qui dans la suite, à la glorieuse journée de Bovines, frappait les ennemis avec une masse de fer, parce que l'église défend aux prêtres de répandre le sang. Le pape Célestin III intercéda pour lui par une lettre à la fois pressante et pleine de circonspection. Il y appelait l'évêque son cher fils. Richard , dont l'esprit était très-vif, lui fit une réponse qui méritait bien d'être conservée. Il lui envoya la cuirasse dont l'évêque était couvert lorsqu'il avait été pris , et lui adressa ces mots des fils de Jacob à leur père : « Voyez si ceci » n'est pas la tunique de votre fils. » Philippe de Dreux fut échangé peu de temps après contre l'évêque de Cambrai , partisan de Richard , et que les Français avaient fait prisonnier. On aurait tort de blâmer particulièrement ces deux prélats d'avoir suivi la carrière des armes, si opposée à leur vocation. Dans ce siècle tout guerrier, les ecclésiastiques en général ne se faisaient nul scrupule de manier la lance et l'épée.

Il semblait que cet état de paix fût contraire à la manière d'exister de Richard.
N'ayant plus à combattre ni Saladin ni Philippe-Auguste, il s'engagea dans une que-
relle avec un simple seigneur, et y perdit la
vie. Un paysan des terres d'Aymar, vicomte
de Limoges, trouva un trésor dont Aymar
s'empara, d'après les coutumes féodales, qui
souvent n'avaient rien de commun avec la
justice. Richard, en sa qualité de suzerain
du vicomte, réclama le trésor, et sur le
refus de son vassal, investit le château de
Chalus, où l'argent, objet de cette petite
guerre, avait été transporté. Comme il faisait le tour de la place, le quatrième jour
du siége, pour reconnaître l'endroit où il
donnerait l'assaut, il reçut un coup de flèche
à l'épaule. Un chirurgien maladroit ne fit
qu'augmenter la plaie, et bientôt la gangrène
s'y mit. Richard, certain que sa mort approchait, ne démentit point sa fermeté connue : il fit son testament et se résigna à son
sort. Il existait encore lorsque le château fut
pris. On lui amena celui qui lui avait tiré
la flèche, et qui se nommait Bertrand de
Gourdon. Le roi lui demanda en quoi il
avait mérité qu'il eût cherché à lui ôter la
vie. Gourdon répondit sans s'effrayer, que

Richard avait tué de sa propre main son père et ses deux frères ; qu'il ne craignait pas les tourmens, et qu'il mourrait satisfait, tant de s'être vengé que d'avoir délivré le monde d'un tyran sanguinaire. Richard s'était pieusement préparé à la mort : il fit alors un acte de générosité que l'on ne peut trop admirer. Il commanda que l'on mît Gourdon en liberté, et qu'on lui donnât cent schellings ; mais cet homme ne profita pas de la grandeur d'âme du roi : Marcadée, chef des Brabançons, et qui servait sous Richard, dont il avait la confiance, ordonna que Gourdon fût écorché vif.

Quand Richard mourut, le 6 avril 1199, il n'était âgé que de quarante-deux ans, et en avait régné dix.

Jean-Sans-Terre fait périr le jeune Arthur son-neveu.

ARTHUR, duc de Bretagne, fut mis, après la mort de son père, sous la protection de la France. Dans la suite, Richard Cœur-de-Lion, son oncle, l'exclut, en mourant, du trône d'Angleterre, qui lui appartenait de droit, pour y appeler Jean-Sans-Terre, son propre frère. Arthur n'avait alors (en 1199) que treize ans. En 1202, Philippe-Auguste lui donna l'investiture de la Bretagne, de la Guienne et du Poitou, et le fiança avec sa fille Marie, en attendant que cette princesse, encore enfant, pût devenir son épouse.

On voit que le sort d'Arthur, privé de ses droits à la couronne d'Angleterre, était encore assez brillant; mais son existence ne devait pas être d'une longue durée. Il assiégeait, seulement avec deux cents chevaliers, sa grand'mère Éléonore dans le château de Mirebau en Poitou, lorsque, retirée dans une tour, elle trouva moyen de faire connaître au roi Jean l'extrémité où elle se trouvait réduite. Arthur voulait se venger sur cette princesse du testament que

Richard n'avait fait qu'à sa prière. Jean, quoique naturellement très-indolent, sortit de son apathie, et vint avec des forces très-supérieures entourer la petite armée de son neveu. Celui-ci, comptant trop et sur son courage et sur le faible renfort de quelques chevaliers bretons, eut l'imprudence de marcher en pleine campagne contre son oncle, au lieu de l'attendre dans ce château, dont il s'était rendu maître à l'exception de la tour où se trouvait Eléonore. Des prodiges de valeur ne sauvèrent ni lui ni sa troupe; repoussés jusque dans le château, ils y furent suivis par les vainqueurs, et enfin obligés de se rendre. Jean, satisfait d'avoir Arthur en sa puissance, envoya la plupart de ses prisonniers en Angleterre, où plusieurs moururent de faim dans les châteaux dont on avait fait leur prison. Jean ayant transféré Arthur dans le château de Falaise, tenta, dans une visite qu'il lui fit, de le faire renoncer à son alliance avec le roi de France; mais il ne reçut que des réponses humiliantes. Arthur le traita d'usurpateur, de tyran, et le menaça de la vengeance de Philippe. Ce roi et les barons bretons sollicitaient vivement la liberté du jeune prince; mais Jean craignait trop ses droits et son caractère exalté par la vengeance. On assure qu'il donna l'ordre de le mutiler cruellement et de le priver de la vue ; mais Hubert de Burgh, gouverneur du château, empêcha ce crime, en faisant passer Arthur pour mort. Il n'y eut qu'un cri contre Jean, que l'on accusait d'avoir assassiné son neveu. Ces clameurs furent si violentes, qu'Hubert fut obligé de découvrir le stratagême que l'humanité lui avait inspiré. Jean ne fut nullement ému de ce qu'il avait à redouter s'il réalisait le crime dont le seul soupçon avait soulevé contre lui tant d'ennemis. Il fit conduire Arthur à Rouen, où il ordonna sa mort.

On ne sait précisément de quelle manière s'effectua ce meurtre, dont la réalité ne put être contestée, puisqu'Arthur disparut pour toujours. On dit que le roi ayant pressé Guillaume de Bray de tuer le jeune prince, en avait reçu pour réponse qu'il était gentilhomme, et non pas bourreau. Refusé par d'autres loyaux chevaliers, il prit, dit-on, le parti de tuer lui-même son neveu. En conséquence, il se mit dans une barque pendant la nuit, s'approcha de la tour où il était gardé, se le fit amener, et, dans la barque même, lui passa plusieurs fois son épée au travers du corps. On ajoute qu'il le fit ensuite jeter à l'eau, attaché à une pierre pesante; qu'un pêcheur le tira au rivage dans ses filets, et qu'à l'insçu du cruel Jean il fut enterré dans l'abbaye de Notre - Dame-du-Pré.

Jean fit courir le bruit qu'Arthur s'était noyé, et emmena la sœur de sa victime, nommée Eléonore, en Angleterre, où il la fit garder dans le château de Bristol par quatre chevaliers, de peur que, devenue héritière de la Bretagne, elle ne contractât quelque mariage clandestin.

Personne ne fut dupe du mensonge de Jean. Les Bretons se soulevèrent et l'accusèrent du meurtre d'Arthur à la cour de Philippe, son seigneur suzerain. Ce roi, qui avait vu un gendre dans Arthur, fit sommer Jean de comparaître devant la cour des pairs. Comme il se garda bien d'obéir, il fut déclaré coupable de félonie et de trahison. En conséquence, la confiscation des biens qu'il tenait par hommage fut ordonnée, et Philippe, secondé par les vœux des peuples, entra dans l'Anjou, le Poitou et la Normandie, pour que l'arrêt reçût promptement une exécution dont, en qualité de roi de France, il retirait un grand avantage.

Les Anglais offrent à Louis VIII, qui n'était pas encore roi de France, la couronne de Jean-Sans-Terre. Il l'accepte, est reconnu à Londres, et quelque temps après obligé de revenir en France.

JEAN-SANS-TERRE, qui s'était fait vassal du pape Innocent III, appesantissait sur ses sujets un joug insupportable. Les barons, au désespoir, prirent une résolution à laquelle on n'aurait pas dû s'attendre, d'après le caractère connu des Anglais. Ils demandèrent à Philippe-Auguste pour roi son fils Louis, pourvu qu'il arrivât avec d'assez grandes forces pour triompher de Jean. Philippe reçut avec joie une telle proposition, et commença par faire passer en Angleterre Gilles de Melun, avec sept mille hommes. Ils se rendirent à Londres, tandis que Jean se disposait à mettre obstacle au débarquement de Louis.

Le pape envoya un légat à Philippe, pour lui enjoindre de cesser ses préparatifs contre un royaume qui faisait maintenant partie du patrimoine de saint Pierre ; mais cette étrange injonction ne fut pas écoutée.

Louis, embarqué avec ses troupes sur septante cents vaisseaux, mit pied à terre à Sandwich. Le légat se rendit près de Jean, et eut l'audace d'excommunier Louis, ainsi que tous ses adhérens. Louis fit tous ses efforts pour l'apaiser. Il lui remontra qu'outre des droits de famille, il avait pour lui le choix libre d'un peuple qui l'avait appelé à son aide contre la tyrannie. On n'était pas dans un temps où un tel droit pût prévaloir contre une donation au souverain pontife. Louis ne put fléchir le prélat italien, et résolut de poursuivre sa marche.

Maître du château de Rochester, il se rendit ensuite à Londres. Il y jura de rendre aux barons les biens dont ils avaient été dépouillés par Jean, et de rétablir les priviléges de la nation. Les barons aussitôt lui prêtèrent hommage et lui jurèrent fidélité. Bientôt le nombre de ses partisans augmenta ; les villes, les châteaux se rendaient à lui sans résistance. Louis convoqua la noblesse et les prélats à Londres. Le roi d'Ecosse y vint ; et fit serment à Louis, aussi bien que les barons, de ne jamais conclure la paix avec Jean sans son aveu.

C

Cet état prospère ne fut pas de longue durée. Plusieurs partisans de Jean montrèrent une activité, un courage qui fut souvent couronné par le succès. Une flotte armée dans les cinq ports pour le service de Jean, intercepta un secours considérable que Philippe envoyait de France à son fils. Hubert de Burgh, celui qui s'était inutilement intéressé au sort du jeune Arthur, mais qui ne croyait pas moins devoir ses services à Jean, défendait avec résolution l'importante forteresse de Douvres. Louis l'assiégea, mais inutilement, et perdit au pied de ces remparts un temps précieux.

Bientôt des nuages s'élevèrent entre le prince et les barons. Ces derniers lui reprochaient de les exclure de tous les emplois pour les accorder à des étrangers qui traitaient les Anglais avec un extrême mépris. Ces plaintes pouvaient être fondées jusqu'à un certain point, et en ce cas, Louis commettait une grande faute ; mais il est à croire aussi que l'esprit inquiet des Anglais augmentait à leurs yeux les torts du prince et de ses serviteurs. Quoi qu'il en soit, plusieurs seigneurs abandonnèrent ouvertement son parti. Les historiens anglais disent que le vicomte de Melun, au lit de la mort, manda près de lui plusieurs barons , et les assura que Louis avait intention de les faire périr comme des traîtres sur lesquels il ne pouvait nullement compter , puisqu'ils avaient trahi leur légitime souverain. Cette singulière révélation porte les caractères les plus évidens de la fausseté , et elle prête à Louis des sentimens aussi absurdes qu'odieux ; mais il suffit que quelque adroit partisan du roi Jean eût fait courir ce bruit pour qu'il fût très-favorable à la cause de ce prince.

Jean , résolu de risquer une bataille décisive, rassembla une forte armée à Lynne. Il passa par les comtés de Norfolk et de Lincoln ; mais il s'engagea si imprudemment dans des cantons marécageux, souvent couverts par la haute mer, qu'il fut atteint par la marée , et perdit la plus grande partie de ses soldats, ainsi que son bagage et ses trésors. Cette perte irréparable l'affligea tellement, qu'ayant eu beaucoup de peine à se rendre à l'abbaye de Swinestead , il y fut attaqué d'une forte fièvre. Transporté à Newmark, il y mourut le 19 octobre 1216, à 51 ans, et après 18 ans de règne.

Ce monarque méprisable et odieux laissa la couronne , par testament, à son fils aîné, Henri III; mais comme ce prince n'avait encore que dix ans, l'état d'anarchie continua dans le royaume. Cependant la mort de Jean rallia autour de son fils un grand nombre de chevaliers et de barons, que leur aversion pour le père avait retenus jusque là dans le parti de Louis. D'un autre côté, les murmures contre ce prince augmentaient chaque jour. Le comte de Pembrock convoqua dans Glocester les barons attachés à Jean ; et, leur montrant le jeune Henri, il leur dit : « Voici votre roi. » Ensuite il leur fit sentir qu'un fils ne devait point être puni pour les fautes de son père, quelque coupable qu'il fût. Il fit valoir les droits de Henri, insista fortement sur les reproches que l'on faisait à Louis, prince étranger, et qui ne paraissait pouvoir jamais se concilier l'esprit des Anglais. Il parvint facilement à convaincre des hommes qui déjà partageaient en grande partie ses sentimens ; tous s'écrièrent : « Que Henri soit notre roi ! » et Henri fut couronné dans l'église métropolitaine de cette même ville de Glocester, en présence du légat du pape, par les évêques de Bath et de Winchester. Le légat insista pour que Henri prêtât le serment de fidélité au pape ; et, dans de telles circonstances, les barons ne crurent pas qu'il pût le refuser.

Le duc de Pembrock fut nommé régent. Il commença par faire connaître dans tout le royaume l'avénement de Henri, et en même temps promit amnistie entière à tous ceux qui reviendraient sous son obéissance. La confiance que l'on avait dans le caractère de Pembrock fut très-utile au jeune roi.

Louis n'ayant pu ni par promesses, ni par menaces ébranler la fidélité du gouverneur de Douvres, leva le siége, revint à Londres, et alla s'emparer d'Hertfort. Il mit dans cette place une garnison et un gouverneur français. Ce n'était pas le moyen de calmer les mécontentemens ; ils éclatèrent avec plus de force que jamais.

Cependant le légat renouvela contre Louis son excommunication, et le comte de Pembrock acquit à son pupille de nouveaux partisans. Il y eut une suspension d'armes, dont Louis profita pour aller en France demander des secours à son père, et dont Pembrock tira un parti plus avantageux encore en recrutant son armée.

Quand la trève fut expirée, Louis envoya le comte du Perche investir le château de Lincoln. Pembrock marcha contre lui. Au lieu de l'aller combattre en plaine campagne, où la cavalerie française eût pu se déployer, on l'attendit imprudemment dans la ville même. Son attaque, combinée avec une vigoureuse sortie que fit la garnison du château, réussit complétement. Le comte du Perche, qui avait fait les plus grands efforts pour obtenir la victoire, ne voulut point survivre à sa défaite, et se fit tuer par les ennemis. Les vainqueurs firent prisonniers un grand nombre de chevaliers, d'écuyers et de soldats anglais ; mais ils n'accordèrent aux Français aucun quartier. La ville fut pillée, et tous les prêtres, d'après les ordres du légat, furent traités comme des excommuniés. Il avait, avant l'action, promis le paradis à ceux qui périraient, ce qui n'avait pas peu contribué à exalter le courage de ces gens armés contre les ennemis de l'église.

Cette triste nouvelle parvint à Louis lorsqu'il venait de recommencer le siége de Douvres. Il l'abandonna de rechef et revint à Londres. Son père, auquel il demanda des secours, craignit la puissance du pape, alors si redoutable par l'empire qu'il exerçait sur les esprits. Il ne lui envoya des troupes que par le moyen de Blanche de Castille, épouse de Louis. Les vaisseaux qui portaient ces troupes furent attaqués par la flotte des cinq ports, et pris ou coulés à fond pour la plus grande partie. Louis se vit alors bloqué dans Londres par le régent. Entouré de gens dont la fidélité lui était suspecte, frappé des anathèmes de Rome, et sans espoir d'être secouru, il se voyait dans une situation très-critique. Il demanda une paix honorable au régent, avec la condition expresse que les barons qui l'avaient appelé en Angleterre y seraient compris, sans quoi il ne songerait à aucun accommodement. Cette conduite noble et équitable réfute assez la prétendue révélation du vicomte de Melun, et prouve combien on avait calomnié Louis. Le comte de Pembrock, craignant les forces de Philippe et le désespoir des barons, consentit sans peine à ces propositions. Bientôt les conditions du traité définitif furent arrêtées. Louis renonçait à l'hommage que lui avaient fait les sujets du roi d'Angleterre ; mais il stipulait les intérêts de ses partisans ; il les faisait rétablir dans tous leurs droits ; il recevait des ôtages pour ceux des prisonniers français qu'on devait lui rendre : en un mot, s'il abandonnait des avantages réels à son adversaire, et s'il renonçait à un pays où il ne pouvait se maintenir, le traité n'avait d'ailleurs rien que d'honorable pour lui, et il paraissait plutôt, dans toutes ses clauses, donner la loi que la recevoir.

Louis, ayant reçu l'absolution du légat, s'embarqua pour la France, où ses droits au plus bel héritage n'avaient aucune contestation à subir. Quelque reproche que les auteurs anglais se soient plus à faire à ce prince, ainsi qu'aux officiers qui l'accompagnèrent dans son voyage, il est très-probable que son plus grand tort fut d'être étranger, et surtout Français.

Edouard II est mis à mort.

CETTE catastrophe est si horrible, si repoussante, les détails en sont si pénibles à décrire, que j'ai quelque temps hésité si je ne la passerais pas sous silence ; mais c'eût été contredire formellement le titre de ce recueil. Quoi de plus *mémorable* que le supplice d'un roi, traité par ses propres sujets avec une barbarie raffinée qui égale , si elle ne la surpasse, celle dont les hordes les plus sauvages se font honneur à l'égard de leurs prisonniers. Du moins je m'appesantirai peu sur les détails.

Edouard II, premier prince de Galles , avait montré fort jeune des penchans vicieux. Devenu roi en 1307, à vingt-trois ans, il épousa Isabelle de France la même année. Livré à d'indignes favoris, il vit, après divers événemens dans lesquels il joua un rôle fort peu honorable , une partie de ses sujets, et son épouse même, armés contre lui. Il tomba au pouvoir des révoltés, et eut l'humiliation d'apprendre que son fils avait été élu en sa place.

Son abdication forcée ne satisfit pas ses

ennemis. Il fut traîné de château en château ;
et dans les voyages qu'on lui faisait faire
la nuit, on ne lui épargna pas les mauvais
traitemens. On espérait que le chagrin terminerait ses jours, et l'on fut bien surpris
de le voir tellement accoutumé à son infor-
tune, qu'il avait même l'esprit assez libre
pour composer des élégies sur ses malheurs.
Alors ses gardiens, trompés dans leur attente, le firent souffrir encore plus qu'auparavant. On troublait son repos par des
bruits affreux ; on le forçait de manger les
alimens les plus désagréables ; on le logea
dans une tour froide et humide du château
de Berkeley, sur le toit de laquelle, dans
la vue de l'empester, on avait rassemblé les
carcasses de plusieurs animaux. Jusqu'aux
derniers valets l'accablaient d'outrages dans
la misérable chambre, presque toujours inon-
dée de pluie, où on l'avait relégué.

Cependant l'évêque d'Héréfort craignit que
le fils de cet infortuné n'eût connaissance de
tant de barbarie, et il engagea facilement
les deux geôliers d'Edouard à lui donner la
mort.

Le 21 septembre 1327, ils entrèrent dans
sa chambre, et ordonnèrent à des misérables
leurs complices de le tenir ferme sur son lit.

Alors (ici il est impossible , pour être compris, de ne pas rapporter des circonstances qui font dresser les cheveux d'horreur) ils lui enfoncent par l'anus un fer rouge qui lui brûla les intestins ; et , par la plus exécrable des précautions, ce fer ayant été introduit dans un tuyau de corne, il n'y eut à l'extérieur aucune marque de violence. Ils eurent le lendemain l'effronterie de déclarer qu'il était mort subitement dans la nuit, et d'exposer son cadavre aux regards du public. En effet, il ne paraissait avoir reçu aucune blessure ; mais l'épouvantable dérangement de ses muscles annonçait assez les affreux tourmens qu'il avait subis. D'ailleurs, pendant le silence de la nuit, des gens, quoique assez éloignés de la tour, avaient entendu les hurlemens qu'une douleur intolérable arrachait à la victime. Malgré tant de motifs des plus affreux soupçons, il fut enterré dans l'abbaye de Saint-Pierre de Glocester. Il avait alors quarante-trois ans. Son fils, qui fut le fameux Edouard III, ne chercha pas à connaître de quelle manière il était mort ; ainsi les assassins n'eurent à redouter que les soupçons, l'aversion des personnes convaincues de leurs crimes, et leurs remords, si toutefois ils en furent susceptibles.

6

Bataille de Créci, gagnée par Edouard III sur Philippe de Valois.

ÉDOUARD III, en 1346, était descendu dans la province de Normandie, et y avoit fait un dégât considérable, lorsque Philippe de Valois, roi de France, rassembla une armée formidable pour s'opposer à ses progrès. Il envoya aussitôt défier Edouard, selon l'usage du temps, et lui proposa la bataille, soit dans la plaine de Vaugirard, soit entre Franconville et Pontoise, à son choix. Edouard répondit, avec beaucoup de raison, qu'il ne prendrait point de son ennemi le jour et le lieu de la bataille. Il marcha vers Beauvais, où il ne pénétra point, et sa situation devint critique. Il était environné de la mer, de places bien approvisionnées, et serré de près par une armée de cent mille hommes. Edouard en avait trente mille ; et, trouvant tous les passages très-bien gardés, eut vu croître ses embarras, si un prisonnier français, désirant recouvrer sa liberté, et séduit par la promesse de cent *nobles* d'or, n'eût trahi la cause de son prince et de sa patrie. Il conduisit le monarque anglais au gué de Blanche-taque, gardé par Godemard du Fray avec dix mille hommes. Edouard se mit le premier dans l'eau, pour encourager ses gens, et fut reçu avec un courage extrême par Godemard et ses braves; mais les archers, ces guerriers qui avaient tant aidé Guillaume-le-Conquérant à se rendre maître de l'Angleterre, et qui depuis furent si redoutables dans les armées anglaises, ouvrirent le chemin à leurs compagnons d'armes. Les Français, de plus, étant très-inférieurs en nombre, se retirèrent vers Abbeville, où, le soir même, Philippe se rendit avec son armée.

Le but principal d'Edouard était d'assiéger Calais. Il fit brûler quelques villes du voisinage, et se rendit à Créci. Il s'y retrancha sur une hauteur, ayant derrière lui un bois, et fit disposer sur les ailes ses chariots de bagage. Il était dans cette excellente position, quand Philippe, pensant qu'il fuyait, accourut avec plus de courage que de prudence, pour le punir des dévastations qu'il avait commises dans des lieux sans défense. Edouard donna le commandement de la première ligne à son fils, âgé alors de seize ans, et qui débuta d'une manière bien brillante, mais bien funeste aux Français, dans la carrière glorieuse où il devait s'immortaliser sous le nom du *Prince Noir*. La seconde ligne fut, comme la première, formée sur le penchant de la montagne : ainsi elles pouvaient se soutenir mutuellement. Edouard lui-même commanda la troisième. Il communia, ainsi que son fils, et ensuite parcourut les rangs pour exhorter ses troupes à combattre vaillamment, non seulement pour la gloire, mais pour leur propre vie, menacée par un si grand nombre d'ennemis. Il créa cinquante chevaliers, ordonna à ses hommes d'armes de mettre pied à terre, pour que leurs chevaux fussent frais au moment de l'action, et il fit asseoir ses soldats sur l'herbe, où ils reçurent des vivres en abondance.

Tandis qu'Edouard prenait toutes ces précautions, souvent si décisives pour le gain des batailles, d'assez grandes imprudences semblaient annoncer aux Français le sort qu'ils allaient éprouver. Ils firent deux lieues en hâte, et ensuite Philippe envoya reconnaître l'armée d'Edouard par quatre chevaliers. Ils furent frappés du bon ordre et du silence qui y régnaient, et rapportèrent au roi de France que les Anglais ne paraissaient nullement disposés à prendre la fuite. L'un d'eux, dont les historiens auraient dû conserver le nom, et qu'ils ne désignent que comme un des guerriers du roi de Bohême, dit à Philippe qu'il était essentiel de ne pas aller plus loin ce jour-là, mais de faire reposer les troupes harassées, et qui marchaient en désordre. Philippe accueillit un si sage conseil, et envoya ordonner à l'avant-garde de faire halte ; mais le grand nombre d'alliés qu'il avait lui fut nuisible. Ils se regardaient presque comme indépendans. Ils avaient une vaine émulation, un point d'honneur dangereux ; ils se disputaient la gloire d'attaquer les premiers l'ennemi : de sorte que, malgré les ordres positifs du roi, toute cette vaste masse se précipita sur Créci dans un désordre déjà très-grand.

Philippe ne pouvant plus arrêter leur impulsion, essaya du moins de la régulariser. Il mit son avant-garde sous les ordres des principaux chevaliers du roi de Bohême. Ce prince, tout aveugle qu'il était, avait voulu se trouver à la bataille, comme si sa présence eût pu y être de quelque utilité. A cette avant-garde étaient seize mille archers génois. La seconde division avait le duc d'Alençon pour chef. Philippe en personne commandait la troisième. Vers trois heures après midi les archers génois eurent ordre de commencer l'action ; mais ils crièrent qu'ils étaient fatigués, et demandèrent un peu de repos. Traités de lâches par le duc d'Alençon, ils se mirent en devoir d'obéir ; mais une pluie abondante rendit leurs arcs presque inutiles. Les archers anglais, au contraire, avaient tenu leurs arcs renfermés, et attendirent le soleil, qui succéda à la pluie, pour faire des décharges très-meurtrières (1). Les Génois s'enfuirent pour échapper à la mort ; et le duc d'Alençon, déjà fort mal disposé envers eux, les fit fouler aux pieds de ses hommes d'armes, ce qui augmenta le désordre dans les premières lignes des Français. Cependant plusieurs de leurs escadrons

---

(1) Ceci répond très-bien à une question toute naturelle que l'on fait en lisant ceux des historiens qui ont omis ces détails indispensables. Comment, dit-on, (et Voltaire a consigné sa remarque par écrit) les arcs des uns firent-ils tant de ravages, tandis que ceux des autres servirent à peine ? On voit au moyen de l'explication, que cela devait être ainsi, puisqu'il y avait eu d'un côté autant de négligence que de bon ordre et de soin de l'autre.

attaquèrent avec tant de vigueur le corps du prince de Galles, que le comte de Warwick, un des chefs placés près de lui par le roi son père, envoya demander en hâte du secours à Edouard. « Mon fils, répondit froidement le roi, est-il tué, blessé ou démonté ? » On lui répondit que non. « En ce cas, reprit-il, allez dire à Warwick que je ne veux me mêler en rien de ceci. Il faut laisser à mon fils la gloire de gagner aujourd'hui ses eperons. » (1)

Presque en même temps les comtes d'Arundel et de Northumberland, secondant le jeune prince, avaient mis en déroute la seconde ligne des Français. Alors il y eut un combat furieux entre eux et les troupes que commandait immédiatement Philippe. Le vieux roi de Bohême, aveugle, informé que les Français étaient dans un grand désordre, fit attacher son cheval à celui de quatre chevaliers, et leur ordonna de le conduire droit au prince de Galles. Ils se portèrent quelques coups ; mais ils furent presque aussitôt séparés, et le roi de Bohême,

____

(1) C'est-à-dire de mériter le titre de chevalier, qu'il avait reçu peu de temps auparavant.

ainsi que ses chevaliers, perdit la vie. Philippe eut deux chevaux tués sous lui, et reçut deux blessures dangereuses. Jean de Hainaut, frémissant du danger qu'il courait, l'emporta hors de la mêlée. L'étendard royal fut abattu, et les troupes françaises, pour la plupart de nouvelle levée, s'enfuirent. Les vainqueurs les poursuivirent avec acharnement, et la nuit même ne mit pas fin au massacre ; car Edouard fit allumer sur les montagnes voisines une multitude de feux, pour donner à ses troupes la facilité d'atteindre les fuyards. Il embrassa et félicita son fils, qui reçut ses éloges avec une modestie extrême, resta trois jours sur le champ de bataille, et marcha ensuite vers Calais, dont il se rendit maître. (*Voyez*, dans les *Époques et Faits mémorables de l'Histoire de France*, le récit du dévouement des six principaux habitans de cette ville.)

Telle fut la bataille de Créci, livrée le 26 août 1346, et dans laquelle les Français perdirent plus de trente-six mille hommes, dont un grand nombre de chevaliers, de gentilshommes, ainsi que plusieurs seigneurs du plus haut rang. La perte d'Edouard, au contraire, fut presque nulle, vu le désordre qui se mit, dès le commencement de la bataille, dans les rangs des Français (1).

Les Anglais usèrent d'un stratagème, permis si l'on veut puisqu'ils avaient affaire à des ennemis, mais assez cruel. Ils rassemblèrent quelques étendards français, et les plantèrent sur des hauteurs, pour que les soldats, dispersés dans les villages, s'y ralliassent. Il en vint en effet un assez grand nombre, et ils furent tous taillés en pièces. On ne ménagea pas plus les milices de Rouen et de Beauvais, qui, ne sachant pas que l'armée de Philippe était défaite, s'étaient approchées de ce funeste champ de bataille

---

(1) Il ne faut pourtant pas dire comme l'anglais Knyghton, que ses compatriotes ne perdirent qu'un écuyer et trois soldats. Pourquoi n'affirma-t-il pas plutôt qu'ils ne perdirent absolument personne? L'un n'aurait pas été plus difficile à croire que l'autre. Au reste, si, comme quelques historiens et entre autres Mézerai l'ont dit, les Anglais avaient pour la première fois du canon dans cette bataille, rien ne serait plus facile à expliquer que leur prodigieux succès ; mais de quelque respect que Mézerai soit digne, il convient de déclarer qu'aucun auteur contemporain ne parle d'une telle circonstance, qui certes n'était pas de nature à être omise, si elle eût eu lieu.

pour se joindre à elle. En tout ceci, les Anglais furent animés du même esprit que leur monarque. Avant de livrer bataille à un prince auquel il venait, sans aucun droit, disputer sa couronne, et dont il avait déjà dévasté en partie les États, il défendit de faire aucun quartier, et ne fut que trop ponctuellement obéi. Quant aux morts épars sur le champ de bataille, il fit rendre de grands honneurs aux corps des seigneurs, et ordonna que l'on inhumât avec décence jusqu'aux moindres soldats. Il voulut aussi que le corps du roi de Bohême fût rendu à ses parens. Des attentions si recherchées à l'égard de ceux qui n'existaient plus, ressemblent presque à la plus cruelle et à la plus sanglante des ironies, quand on les rapproche de la conduite que le roi d'Angleterre tint constamment à l'égard des vivans. C'est du moins l'impression qu'a toujours produite en moi la lecture de ces diverses circonstances d'une journée trop fameuse.

Expédition du prince de Galles, dit le *Prince Noir, en Espagne. Sa victoire à Navarret. Sa mort.*

La paix ayant été signée entre la France et l'Angleterre, des guerriers français, anglais et bretons, trop connus sous le nom de *grandes compagnies*, se réunirent pour piller, et désolèrent plusieurs provinces de France. Duguesclin rendit à sa patrie le signalé service de réunir ces hommes redoutables sous ses ordres et de les conduire en Espagne. Pierre, dit le Cruel, fils d'Alphonse XI, régnait alors en Castille ; mais Henri de Transtamare, l'aîné des enfans qu'Alphonse avait eus d'une maîtresse, était appelé au trône par un grand nombre de mécontens. Duguesclin vint appuyer ses prétentions, et chaque jour, par sa bravoure et ses talens militaires, la cause de dom Pèdre devenait de plus en plus désespérée. Réduit enfin à la fuite, ce roi alla trouver le prince anglais dans son gouvernement de Guienne, et implora son secours (en 1367). Edouard, par des raisons politiques, et principalement dans la pensée de diminuer en Espagne l'influence française, reçut favorablement dom Pèdre ; et il commença par ordonner aux Anglais qui avaient servi dans les grandes compagnies, de se séparer de Duguesclin et de revenir près de lui.

L'année suivante, Edouard ayant obtenu l'assentiment de la cour de Londres, se mit en disposition d'entrer en Espagne, tandis que Duguesclin allait chercher un renfort en France.

Le Prince Noir franchit avec autant d'adresse que de bonheur les défilés de la Navarre, dont le roi, Charles-le-Mauvais, était justement suspect à tous les partis. Il s'avança ensuite à Vittoria, ville peu éloignée de Navarret, dont bientôt une grande bataille devait éterniser le nom.

Duguesclin signala son retour en Espagne par un avantage qu'il remporta sur l'avant-garde du prince anglais. Cependant il ne se laissa point aveugler par ce succès ; sûr que les Anglais et les Gascons, aguerris par tant de combats livrés en France, triompheraient des troupes de Henri, dans une action décisive, il fut d'avis qu'il fallait temporiser et les contraindre, par le défaut de vivres, à s'en retourner.

Ce sage conseil ne fut point suivi : un frère de Henri, le comte Tellès, alla même jusqu'à traiter Duguesclin avec hauteur, et n'aurait pas manqué d'être puni, si Henri ne se fût hâté d'apaiser le héros. « Vous » voulez livrer bataille, dit enfin Dugues- » clin, eh bien ! j'y mourrai ou serai fait » prisonnier, et vous serez complétement » battu. »

Une prédiction si claire n'arrêta point les Espagnols, irrités de ce qu'on les eût jugés incapables de se mesurer contre les troupes d'Edouard. Ils avaient d'ailleurs un grand sujet d'espérance dans leur nombre. Henri ne comptait pas dans son armée moins de soixante mille fantassins et de quarante mille hommes de cavalerie, outre un corps d'Arragonais, et, ce qui en faisait la principale force, les Français ou Bretons, commandés par Duguesclin. Ce dernier corps avait dix-huit mille hommes d'excellente cavalerie, et seulement deux mille fantassins.

Le prince de Galles n'avait que quarante mille hommes d'infanterie et trente mille cavaliers ; mais c'étaient tous guerriers pleins de courage et d'expérience.

Dès la pointe du jour, le 3 avril 1369,

ces deux formidables armées se trouvèrent en présence.

Duguesclin et le maréchal d'Andreham commandaient l'avant - garde, formée de leurs propres troupes. Après eux venaient vingt-cinq mille hommes ayant pour chefs deux des frères du roi, le présomptueux dom Tellès et dom Sanche. Le roi Henri avait le corps d'armée sous ses ordres, et la réserve se composait d'Arragonais, sous les comtes d'Aigüe et de Roquebertin.

L'avant-garde anglaise avait pour chef le comte de Lancastre, frère du Prince Noir, sous lequel servaient plusieurs chefs illustres, et entr'autres le fameux Jean Chandos.

Le second corps obéissait au prince lui-même, au roi dom Pèdre et à Martin Dekares, général du roi de Navarre.

Comme dans ces temps-là rien n'était plus ordinaire que de voir les guerriers d'un pays aller chercher ailleurs des dangers et de la gloire, et combattre sous des enseignes op-posées, il se trouva que le corps le plus considérable du prince de Galles était com-posé de Français, de Poitevins, de Béarnais et d'Allemands, conduits par le roi de Majorque, le captal de Busch, les comtes d'Albret et d'Armagnac : il y avait même une arrière-garde, toute composée de Bretons, sous les ordres des sires de Clisson et de Retz ; de sorte qu'en appelant anglaise l'armée venue au secours de dom Pèdre, les historiens ont seulement voulu faire entendre qu'elle avait le prince anglais pour chef suprême.

Tous s'accordent à dire qu'avant de livrer la bataille, Edouard prit dom Pèdre par la main, et le pressa de gouverner désormais ses peuples avec plus de douceur, si le ciel lui faisait recouvrer sa couronne.

Les deux avant-gardes du duc de Lancastre et de Duguesclin s'attaquèrent d'abord avec une égale intrépidité, qui ne permit pas que la victoire se déclarât pour l'une d'elle. La mêlée devint affreuse, et on se battit corps à corps. Alors la troupe du prince de Galles, enflammée d'émulation, s'avança contre celle de Tellès ; mais à peine cet homme qui avait insulté Duguesclin eut-il aperçu dom Pèdre, qu'il prit la fuite. Il est à croire que la crainte de tomber entre ses mains et d'éprouver sa furie lui troubla l'esprit ; mais cette explication de sa conduite est loin de l'excuser. Quoi qu'il en soit, vingt mille hommes de sa cavalerie imitèrent son exemple ; et dom Sanche, plus courageux que son frère, fut fait prisonnier.

Le prince anglais prit alors une résolution qui acheva de décider du sort de la journée. Au lieu de poursuivre ces fuyards, il disposa seulement un corps de quatre mille hommes pour les combattre, s'ils revenaient à la charge, puis il partagea le reste de sa troupe en deux corps. Avec l'un, dom Pèdre alla prendre en flanc dom Henri, occupé à combattre le roi de Majorque ; et le prince, à la tête de l'autre, alla se réunir au duc de Lancastre pour accabler Duguesclin.

Découragées par la fuite de Tellès, les troupes de dom Henri ne purent soutenir l'impétuosité de dom Pèdre, qui fit un grand carnage parmi ces hommes naguères ses sujets. Vers le même temps, Clisson ayant défait les Arragonais, toute l'armée du Prince Noir tourna ses efforts contre Duguesclin.

Dom Henri prit alors une résolution généreuse. Il vint avec environ cinq mille cavaliers qui n'avaient pas voulu l'abandonner, se ranger près du héros français. « Mes » braves amis, leur cria-t-il, vous allez » voir que je n'étais pas indigne du haut

» rang où votre valeur m'avait élevé; » et aussitôt il s'élança dans les rangs ennemis, et tua plusieurs guerriers de sa propre main. Duguesclin fut charmé de son courage ; mais, comme s'il eût pressenti de plus heureux jours, il pressa le roi de mettre sa personne en sûreté. Dom Henri se rendit à un conseil qui lui offrait un avenir plus avantageux, et quitta le combat, suivi seulement de quatre serviteurs fidèles.

Malgré l'inégalité du nombre, la valeur de Duguesclin et des siens rendit cette dernière attaque plus terrible que toutes les autres. Chandos donna la mort à un chevalier arragonais qui, l'ayant désarçonné, s'apprêtait à lui trancher la tête, et un ami de Chandos périt par la main de Duguesclin. Celui-ci et Chandos allaient même en venir à un combat singulier, si une foule de chevaliers ne se fût jetée entre eux.

Cependant la victoire ne pouvait que se déclarer pour le parti le plus nombreux, puisque la valeur était égale. Un des plus braves chefs de Duguesclin, le Bègue de Villaine, fut obligé de se rendre au duc de Lancastre ; et bientôt le prince de Galles, ayant près de lui dom Pèdre, parvint jusqu'à un endroit où Duguesclin, avec quelques-uns des siens, adossés à une muraille, combattaient avec une fureur désespérée. Le généreux prince leur tendit la main en les invitant à ne pas prolonger une résistance inutile. Ils allaient en effet céder à la nécessité et lui remettre leurs épées, quand dom Pèdre s'écria qu'il ne fallait point leur faire de quartier, et que tant qu'ils vivraient, il ne se croirait point roi de Castille. Duguesclin, frémissant de colère, s'élance sur lui, et en n'atteignant seulement que son bouclier, lui porte un coup si terrible, qu'il le fait tomber sur ses genoux. Il allait redoubler, quand deux Anglais le saisirent en lui disant qu'il lui fallait se rendre on mourir. Duguesclin alors, entendant que le prince de Galles leur criait de ne pas tuer un si brave chevalier, se rendit à lui, « se félicitant, disait-il, dans son mal- » heur, de ce qu'il remettait son épée au » plus généreux des princes. »

Le prince de Galles ayant fait cesser le carnage, rendit grâces au ciel de sa victoire sur le champ de bataille même ; après quoi il adressa quelques conseils à dom Pèdre, qui lui témoignait toute sa reconnaissance.

Ce roi, exhorté ainsi à la modération, ne

parut pas profiter beaucoup de ces sages paroles que lui adressait son magnanime allié.
Quand il sut que Henri n'était point au
nombre des prisonniers, ou parmi les morts,
il devint si furieux, qu'on eut beaucoup de
peine à l'empêcher de frapper d'un coup de
poignard Duguesclin désarmé. « Donnez-le-
» moi, criait-il au prince anglais, donnez-le-
» moi, et je vous donnerai son pesant d'ar-
» gent. — Que vous me connaissez mal,
» reprit le noble Edouard. S'il était votre
» prisonnier, je le racheterais son pesant de
» pierreries. Je ne vois que trop le traitement
» que vous lui réservez. »

Edouard obtint, quoique avec bien de la
peine, que dom Pèdre pardonnât à un grand
nombre de seigneurs Castillans qui avaient
embrassé le parti de dom Henri. Il passa ensuite quatre mois à Valladolid, où les grandes
chaleurs altérèrent sensiblement sa santé.
Il retourna donc d'abord en Guienne, puis
en Angleterre, où il mourut de langueur à
Westminster, l'an 1375, à quarante-six ans.
Les Anglais furent très-affligés de sa mort, et
aujourd'hui encore ils le placent au rang de
leurs plus fameux héros. Ils paraissent le
considérer comme un prince à peu près

parfait. Cependant, le mal qu'il fit à la France pourrait bien lui avoir souvent tenu lieu de vertus à leurs yeux; car il s'en faut de beaucoup que sa vie, glorieuse sous le rapport des actions militaires, ait été exempte de traits de cruauté, quoique souvent, comme dans son expédition d'Espagne, il se soit plu à montrer une générosité chevaleresque.

*Admirable présence d'esprit de Richard II,
à peine sorti de l'enfance. Déposition
et mort funeste de ce roi.*

A u c u n prince ne monta sur le trône avec
plus d'espoir d'un règne glorieux et paisible
que Richard II. Il n'avait que dix ans lorsqu'en 1377 il succéda au fameux Edouard III,
son aïeul. Les grâces de sa personne lui attiraient l'affection du peuple, toujours séduit
par les agrémens extérieurs dans ceux qui le
gouvernent ; mais il était encore bien plus
cher à toute la nation par l'affection que l'on
portait au Prince Noir, son père, dont l'Angleterre ne cessait de pleurer la mort prématurée.

Quatre années plus tard, on avait déjà
beaucoup murmuré contre ceux qui levaient
les impôts au nom du jeune roi. Enfin il se
forma un soulèvement formidable dans les
comtés de Kent et d'Essex. Une multitude,
à la vérité mal armée et sans ordre, mais
qui s'était élevée déjà jusqu'à cent mille individus, marcha sur Londres, y commit
tous les dégâts qu'on devait attendre de pa-

reils rassemblemens ; et, encouragée par de faciles succès, demanda hautement que le roi vînt lui-même promettre de réparer les torts dont on se plaignait avec tant de violence. Richard, âgé de quatorze ans, leur accorda quelques-unes de leurs demandes ; et cette indulgence, selon l'usage, ne fit qu'encourager les rebelles ; le sang de plusieurs sujets fidèles fut répandu, et les habitans de Londres sentirent enfin qu'il leur importait, pour leur propre sûreté, de défendre le monarque.

Le chef des insurgés était un misérable, nommé Wat Tyler. Une insulte faite à sa fille par un des collecteurs lui avait mis les armes à la main ; mais il ne s'était pas borné à la punir. Enivré de son pouvoir et de ses succès, il n'aspirait à rien moins qu'à saisir le pouvoir suprême, en massacrant le roi et toute la noblesse. Il fallut négocier avec lui ; enfin il consentit à se rendre près du monarque, mais lentement et sans rien perdre de son arrogance. Comme il refusait de mettre pied à terre, un seigneur, sir Jean Newton, blâma l'indécence de cette conduite; Wat Tyler tira son poignard pour l'en frapper. Le roi interposa son autorité, et retint Newton, qui s'était mis en défense. Le rebelle, considérant d'un œil sombre le jeune monarque, semblait prêt à tout instant à lui arracher la vie. Cependant il se contint, et, dans un jargon peu intelligible, il fit des demandes si extravagantes, que Richard ne savait comment y répondre. On temporisait des deux côtés. Tyler attendait ses partisans dispersés, et le roi savait que Robert Knolles venait à son secours avec mille vieux soldats. Richard enfin prononça un refus à Tyler, et le scélérat leva sur lui son poignard. Deux fidèles défenseurs de Richard, Walworth et Philpot, le punirent sur-le-champ. Le premier l'étourdit d'un coup de massue ; l'autre le perça de son épée et le fit tomber de cheval. A cette vue, ceux de la suite de Tyler poussèrent des cris de vengeance. Richard alors, par une présence d'esprit et une intrépidité au - dessus de son âge, piqua son cheval vers eux, et leur dit en les abordant : « Que voulez-vous faire ? » mes amis ; que vous importe la mort d'un » traître ? votre véritable capitaine, c'est moi ; » suivez-moi : tout ce que vous me deman— » derez de raisonnable, je vous l'accorde— » rai. » Il leur imposa tellement, qu'ils le suivirent, comme en cédant à un ascendant irrésistible, dans la plaine d'Islington. Là

Robert Knolles parut avec ses vétérans et quelques milliers d'habitans de Londres, qui, apprenant la mort de Tyler, avaient pris les armes. A leur aspect, les révoltés perdirent tout courage. Le roi leur offrit un pardon général, et des avantages semblables à ceux que plusieurs de leurs compagnons avaient déjà obtenus. Ils le remercièrent à genoux. Knolles et quelques officiers voulaient, pour mieux inspirer la terreur aux autres, en faire périr une centaine ; mais le roi ne le permit pas. Il leur défendit cependant, par un édit, de rentrer dans Londres. Ils obéirent, et le lendemain, ayant reçu des chartes confirmant les promesses du roi, s'en retournèrent paisiblement chez eux. D'autres séditions qui avaient lieu dans quelques provinces, furent également apaisées par un heureux mélange de force et de persuasion.

Ce même Richard avait possédé le trône pendant vingt-deux ans, lorsqu'enfin sa mauvaise administration, et, il faut le dire aussi, l'ambition de Henri, duc de Lancastre, le précipitèrent du trône. Ce duc, d'accord avec la plus grande partie des seigneurs, et étant à la tête d'une armée, s'avança tout armé vers Richard, et lui parla d'un ton très-fier au nom du peuple mécontent. Richard se soumit, dans l'espoir qu'on se bornerait à une réprimande ; mais son sort était décidé. On le fit monter sur un assez mauvais cheval, par ordre du duc, n'ayant pour compagnon que Salisbury, un de ses courtisans. Ils furent conduits à Chester au son des trompettes et au milieu des railleries d'une populace nombreuse. Trois jours après, Lancaster, à la tête de trente mille hommes, conduisit Richard à Londres.

Sur le chemin, Richard fut près de s'échapper par une fenêtre à Lichtfield ; mais il fut saisi, traité avec barbarie, et mis à la tour de Londres, sous la garde de douze hommes. Quand on entra dans la ville, l'adjoint du lord maire demanda, au nom des habitans, au duc de Lancaster, que Richard fût condamné à avoir la tête tranchée. Il rappela combien de fois il s'était joué de la fortune, de la liberté et de la vie des citoyens. Lancaster répondit que lui et ses partisans seraient couverts de honte en agissant ainsi ; que ce serait à un parlement libre de juger les coupables. Alors il fit son entrée au milieu d'un peuple immense qui criait sans cesse devant lui et devant Richard, vive notre libérateur ! vive le bon duc de Lancaster ! Quarante-six jours lui suffirent pour être maître de tout le royaume, tant on avait souffert sous l'oppression de Richard.

Cependant il n'osait se faire couronner par droit de conquête : il sentait que l'abdication, volontaire ou non, de Richard lui était nécessaire. Richard en reçut les premières propositions avec des transports de colère les plus violens ; mais quand il vint à réfléchir sur sa situation et sur le caractère de son antagoniste, il déclara qu'il désirait que son cousin le duc de Lancaster fût son successeur ; il lui remit son anneau, comme un gage de sa sincérité, et le pria d'annoncer sa résolution au parlement : il fit même rédiger en latin et en anglais l'acte de cette résignation.

Le parlement, assemblé dès le lendemain à Westminster, accueillit cet acte d'un consentement unanime ; ensuite, pour détruire tous scrupules dans l'esprit de la nation, il fut résolu que l'on rédigerait par écrit et que l'on publierait par tout le royaume les malversations et les crimes de Richard pendant son règne. Les chefs d'accusation furent au nombre de trente-trois, tous prouvés, et dont la plupart étaient très-graves. La déposition de Richard fut donc solennellement proclamée. Henri réclama la couronne vacante, déduisit les droits qu'il prétendait avoir comme descendant d'Edmond, comte de Lancaster, qu'il supposait être, par le fait, fils aîné de Henri III. Son droit véritable, au lieu de cette filiation illégale, lors même qu'il n'eût pas été impossible de la prouver, consistait dans la volonté des trois ordres de l'Etat, qui le désiraient pour souverain. Il fut élu à l'unanimité. On désigna un jour pour son couronnement; et dès le lendemain, des commissaires annoncèrent à Richard II sa déchéance. Il reçut cette nouvelle avec courage, et parut même se féliciter d'être délivré d'un fardeau en effet très-pesant pour lui.

Passant ainsi sans résistance (en 1399) à la vie privée, il semblait qu'il pouvait espérer de passer paisiblement, et dans l'obscurité, le reste de ses jours. Ce fut cependant ce qui n'arriva pas.

On le transporta d'abord au château de Lèdes, dans le comté de Kent, puis à Pontefract en Yorkshire; mais des troubles auxquels il n'aurait pu prendre part, lors même qu'il l'aurait voulu, se multiplièrent tellement en très-peu de temps, que, dès l'année suivante, Henri comprit qu'il ne serait jamais paisible possesseur du trône, tant que

Richard serait vivant. Richard alors mourut subitement.

Les partisans du roi ne manquèrent pas d'affirmer qu'il était mort de la douleur que lui avait causé le sort de ses amis, dont plusieurs avaient péri comme conspirateurs. D'autres prétendirent que, par les ordres de celui qui lui avait ravi la couronne, Richard était mort dans un état de langueur. Mais l'opinion la plus générale attribue cette mort à des causes si précises, elle donne des détails si positifs, qu'il convient de la rapporter, comme fondée sur la vérité. Henri IV avait dit devant sir Exton, que les craintes qu'il pouvait avoir sur le trône ne viendraient jamais que d'un seul côté; et, soit qu'Exton se chargeât de lui-même d'un crime dont il savait qu'il serait récompensé, soit qu'il eût reçu secrètement de Henri des ordres formels, il se rendit, avec huit hommes dévoués, à Pontefract. Richard, à son dîner, s'aperçut que l'on ne faisait plus, suivant l'usage, l'essai des mêts qu'on lui présentait. Il reçut pour réponse que ce cérémonial inutile était désormais retranché par ordre du roi. Ces mots firent sentir au malheureux Richard ce que sa situation avait d'affligeant. Il redevint, comme auparavant, incapable de commander à son caractère fougueux, et frappa le maître-d'hôtel au visage, en lui criant : « Que le diable t'emporte, toi et ton » Henri de Lancaster ! » Exton n'était pas loin ; il accourut avec ses huit hommes armés. Richard comprit sans peine leur dessein. Le désespoir accrut ses forces ; il arracha la hache d'armes de l'un d'eux, et bientôt il en étendit quatre morts à ses pieds. Mais Exton, le frappant par derrière, le tua d'un seul coup.

Une quatrième version (tant il est difficile de connaître la vérité !) fut aussi très-accréditée. On prétendit qu'il mourut de faim, après avoir été inhumainement privé de nourriture pendant quinze jours ; et on cita en preuves l'exposition publique de son corps à Londres, ainsi que le manifeste des comtes de Worcester et de Northumberland, qui prirent dans la suite les armes contre Henri IV. Ces deux preuves ne détruisent peut-être pas la probabilité du fait qui vient d'être rapporté. Si un seul coup termina les jours de Richard, il n'était pas difficile de cacher ce coup dans une exposition publique de son corps, pendant laquelle on put bien le voir, mais non le toucher ni le changer de

situation ; et les quinze jours de disette pouvaient avoir été cités d'après quelques bruits
populaires.

Quoi qu'il en soit, ce fils et petit-fils de
deux héros , dont encore aujourd'hui la nation anglaise est orgueilleuse, ce roi légitime, quelque coupable qu'il ait pu être,
périt à l'âge de trente-trois ans , et , selon un
usage fort ordinaire , fut plaint après sa
mort par plusieurs de ceux qui l'avaient mau-
dit vivant. Il fut inhumé à Langley , dans
l'Héréfordshire ; mais dans la suite , Henri V , fils et successeur de Henri IV , le fit
transporter à Westminster, où on le plaça
près des restes de ses ancêtres , avec de grandes solennités.

En 1396 , Richard avait obtenu pour
épouse Isabelle de France , fille de Charles VI ,
et cette princesse avait été couronnée à Westminster ; mais elle n'était alors âgée que de
huit ans , et l'on attendait qu'elle fût nubile
pour réaliser le mariage. Le roi de France,
à la nouvelle de la déposition du prince qu'il
considérait déjà comme son gendre , avait fait
des préparatifs considérables pour effectuer
une descente en Angleterre. Henri en avait
conçu de justes alarmes ; et c'est une raison

de plus pour lui attribuer la mort de Richard, qui eut lieu si à propos pour ses intérêts. Dès que cette mort fut connue en France, on ne s'occupa plus d'un projet d'invasion désormais sans but. Une trève de vingt-huit ans fut conclue, et la jeune Isabelle, reine et épouse seulement de nom, fut renvoyée au roi son père.

Bataille de Shrewsbury, entre Henri IV et les comtes Pierci, révoltés. Le roi est victorieux.

CET Henri de Lancaster qui avait forcé, en 1399, Richard II de lui céder la couronne, eut bientôt à combattre des sujets que son extrême sévérité ou des motifs d'ambition armèrent contre lui. A leur tête furent les deux comtes de Pierci, oncle et neveu. En 1403 ils renoncèrent formellement à leur obéissance, et dans un manifeste accumulèrent contre lui un grand nombre de reproches. Le roi avait pour conseiller et pour ami l'Ecossais Dunbar ; ce seigneur lui persuada de se mettre incontinent en campagne avec les troupes qu'il destinait à une expédition dans le pays de Galles. Ils s'avancèrent jusqu'à Burton, et ils y apprirent que Worcester (l'oncle Pierci) marchait vers les frontières du pays de Galles pour joindre d'autres rebelles. Dunbar parvint, quoique avec peine, à déterminer Henri à changer de route, et à tout faire pour empêcher une réunion si nuisible à ses intérêts. Ce mouvement empêcha la ruine du monarque. Il se serait trouvé accablé par des forces supé-rieures dans des pays où l'on était si attaché à la mémoire de Richard II, qu'en publiant qu'il vivait encore les Pierci réunirent un grand nombre de nouveaux soldats sous leurs drapeaux. Ils avaient investi Shrewsbury lorsque le roi se présenta devant cette place avec son armée. Alors le jeune Pierci, nommé Hortspar, abandonna le siége pour combattre à Hartlefield, lieu éloigné de Shrewsbury d'environ une lieue. Ses forces étaient de 14,000 hommes, y compris un corps d'E-cossais commandé par Douglas ; le roi n'en avait pas beaucoup plus.

Les historiens assurent que Henri, qui jusqu'alors avait toujours montré une grande bravoure, éprouva de l'hésitation et des in-quiétudes dans un moment où deux capi-taines renommés attaquaient sa couronne et sa vie. Il envoya l'abbé de Shrewsbury faire en son nom des propositions et des promesses auxquelles le jeune Pierci paraissait prêt à se rendre, si son oncle ne lui eût fait sentir qu'il ne devait pas compter sur des conces-sions arrachées par la nécessité. Le jeune Pierci prit donc le parti de renvoyer l'abbé, et de ranger ses troupes en bataille. Il ne dissimula point à ses soldats dans une harangue qu'il leur adressa, que s'ils étaient battus ils devaient s'attendre à périr comme rebelles par les mains des bourreaux. Cette singulière exhortation, qui pouvait produire un mauvais effet, anima les courages. De son côté Henri ayant perdu tout espoir de pacification, retrouva son énergie première. Aidé du brave comte de Dunbar et du prince de Galles qui fut depuis le fameux Henri V, il plaça ses troupes dans la situation la plus avantageuse. La prudence n'abandonnait jamais Dunbar : outre son amitié pour Henri, il combattait par haine contre Douglas, partisan de Pierci et son ennemi personnel ; il crut donc ne pouvoir prendre trop de précautions pour préserver les jours du roi. Il lui conseilla de donner à plusieurs de ses chevaliers l'armure et l'équipage qu'il avait lui-même. Henri suivit ce conseil, et eut lieu de s'en féliciter.

Quand on eut fait des deux côtés une décharge de flèches, Hortspar, à la tête d'une troupe d'élite et accompagné de Douglas avec ses Ecossais, charge avec tant de fureur le front de l'armée royale que tout plia devant lui. Henri eut son cheval tué : le prince de Galles reçut une blessure au visage, et l'étendard royal fut abattu ; mais au milieu d'un tel avantage qui pouvait devenir décisif, le jeune Pierci et Douglas se livrèrent trop à leur impétuosité. Ils pénétrèrent si avant dans les rangs ennemis que leurs compagnons ne purent les suivre. Ces rangs qu'ils avaient ouverts se rejoignirent, et ils se virent isolés au milieu des soldats de Henri avec un très-petit nombre de braves. La nécessité accrut encore leurs forces et leur valeur ; et l'on vit alors combien le conseil de Douglas était utile au roi. Le jeune Pierci, qui cherchait partout ce prince, combattit jusqu'à trois des chevaliers armés et équipés comme lui ; il les tua tous les trois. Quel dut être son étonnement de voir ainsi comme se multiplier son ennemi, qui toujours échappait à ses coups ! Bientôt il n'eut plus auprès de lui que le seul Douglas : les autres avaient succombé sous le nombre ; et par un nouveau malheur, suite de l'imprudence de ces deux chefs, leur armée ne les voyant plus à sa tête, combattait sans ordre et ne parvenait point à les dégager. Henri, tirant parti de cette confusion, vint tomber avec son corps de réserve sur les ennemis, et les mit dans le plus grand désordre.

Cependant Pierci et Douglas, animés par

le désespoir, se firent jour à travers ceux qui les entouraient, et se rapprochèrent de leurs troupes. S'ils eussent pu parvenir jusqu'à elles, rien n'eut été encore désespéré ; mais Pierci tomba mort d'un coup de flèche. Ses troupes avaient soutenu le combat pendant trois heures ; mais en apprenant cet événement funeste elles prirent ouvertement la fuite, sans que les efforts du vieux Pierci pussent les retenir.

On concevra quel fut l'acharnement des combattans par les pertes que firent ces deux armées peu nombreuses. Outre plusieurs guerriers d'une grande distinction, Henri perdit plus de seize cents hommes, et en eut trois mille blessés, pour la plupart très-dangereusement ; ses ennemis laissèrent sur le champ de bataille environ trois mille cinq cents morts, et le nombre de leurs blessés passa six mille ; ainsi le tiers au plus de leur armée resta intact. Douglas et le vieux Pierci furent pris.

Henri, dans cette journée sanglante et décisive, s'exposa comme le moindre soldat, et tous les historiens rapportent sur la foi des contemporains, qu'il tua de sa propre main jusqu'à trente-six rebelles, fait qui, pour être extraordinaire, n'est cependant pas impossible. Son fils, le prince de Galles, se montra digne de lui, et déploya également une bravoure extraordinaire ; mais amis et ennemis, tous demeurèrent d'accord que le prix de la journée devait être accordé à Dunbar, dont la valeur calme et le coup-d'œil sûr n'avaient pas moins contribué que l'imprudence de Pierci et de Douglas, au résultat de la bataille. Worcester, l'oncle de Pierci, eut la tête tranchée à Shrewsbury avec deux autres seigneurs ; mais Douglas ne fut point de ce nombre. Le roi honorant sa valeur le renvoya sans rançon ; il s'honora sans doute lui-même par cette générosité ; mais il est certain qu'il ne pouvait attenter aux jours de cet illustre captif, puisque l'Ecossais Douglas n'avait pas été rebelle en s'armant contre lui. Henri avait d'abord permis que le corps du jeune Pierci fût inhumé ; mais peu de temps après il le fit déterrer et couper par quartiers que l'on exposa en divers lieux du royaume, raffinement de vengeance qu'on ne peut que censurer.

Henri fut beaucoup mieux inspiré lorsque pour mettre fin aux troubles qui subsistèrent quelque temps encore après la bataille de Shrewsbury, il fit publier une amnistie générale en faveur de tous ceux qui avaient secondé de quelque manière que ce fût le comte de Worcester et le lord Henri Pierci, pourvu que leur soumission eût lieu avant le 6 janvier 1404. Afin de mettre le sceau à cet acte d'indulgence et ne laisser à la malveillance aucun prétexte, il accorda généralement grâce pour toute espèce de délit, sauf ceux qui étaient d'une nature trop grave.

Bataille d'Azincourt, où l'armée française est défaite par celle de Henri V.

En 1415, Henri V résolut de faire une invasion en France, et vint assiéger Harfleur avec trente mille hommes. Cette ville se rendit après s'être bien défendue ; mais l'armée anglaise fut attaquée de maladies. Au lieu de rester dans Harfleur et d'y attendre des secours, Henri forma le dessein de se rendre à Calais ; il partit donc à la tête de vingt mille soldats. Le connétable d'Albret, qui commandait l'armée française, lui laissa passer la Somme, afin de lui couper totalement la retraite ; et les deux armées se trouvèrent en présence sur la route de Calais, près d'Azincourt, village devenu malheureusement trop fameux par la déroute des Français.

Henri, environné de toutes parts, dénué de provisions et à la tête d'une armée affaiblie par les maladies ou la fatigue, commença enfin à sentir tout le danger de sa position : c'était celle du Prince Noir à Poitiers. Comme lui il fit des propositions pour échapper à une ruine totale ; il offrit pour obtenir la permission de se rendre à Calais, la restitution de Harfleur, des indemnités pour les dommages qu'il avait causés, et l'assurance de ne jamais rien entreprendre contre les Français. Comme à Poitiers ces offres furent rejetées, et les Anglais, réduits à l'extrémité, triomphèrent d'ennemis que la certitude de la victoire avait rendus négligens. On proposa au roi d'Angleterre pour condition unique de se rendre à discrétion avec toute son armée ; il fut irrité, et communiqua sa résolution de vaincre ou de mourir aux moindres soldats.

Le connétable commit une nouvelle faute. Au lieu de combattre sur-le-champ l'armée anglaise, il lui déclara, selon l'usage du temps, le jour où il l'attaquerait. Le défi accordait à Henri trois jours, dont il sut bien profiter. Parmi les précautions qu'il prit, il faut compter celle de couvrir ses archers par un rempart de pieux aigus. Il donna de plus l'exemple de l'activité, de la confiance, et amena ses soldats au point de désirer avec ardeur une bataille qui mettrait fin à toutes leurs souffrances.

Selon les historiens anglais, l'armée française était de cent mille hommes, et Henri V n'avait pas plus de quatorze mille hommes en état de combattre. Il est à croire qu'ils ont exagéré le nombre de nos troupes et l'état de maladie où se trouvait leur armée ; mais il demeure constant que la disproportion entre les forces était énorme. Qui donc causa le désastre des Français ? L'incapacité des chefs, l'inexpérience, l'indiscipline des soldats, et le désespoir même auquel ils avaient réduit leurs ennemis.

Le 25 octobre, dès la pointe du jour, les deux armées se rangèrent en bataille. Le connétable plaça la sienne comme Henri V lui-même aurait pu le lui conseiller. Il choisit un terrain étroit entre une forêt et un ruisseau ; de sorte qu'au lieu de pouvoir s'étendre et envelopper les Anglais, ses troupes ainsi entassées se nuisaient réciproquement, et que sa cavalerie ne pouvait agir.

Henri plaça quatre mille lanciers et deux cent cinquante archers d'élite en embuscade à droite et à gauche. Ensuite pour présenter un front égal à celui de l'ennemi rangé sur trois lignes, il forma son armée sur une seule. Alors il se plaça au centre sur un magnifique cheval blanc, ayant son casque surmonté d'une couronne. Quatre bannières étaient déployées devant lui, et un grand nombre d'officiers l'entouraient. Cet appareil n'était pas une vaine pompe ; il avait pour but, et ce but fut atteint, d'accroître l'ardeur des soldats anglais, et de frapper d'une sorte de respect ceux du connétable.

La bataille commença par une furieuse décharge des archers anglais. Leurs flèches tombant au milieu des Français si étroitement serrés, ne portaient pas un coup inutile ; et quand la cavalerie française s'élança sur les archers, ceux-ci se retirèrent derrière leurs palissades, d'où ils lancèrent avec sécurité de nouveaux traits. Les troupes embusquées achevèrent le carnage, qui fut affreux ; et bien loin de pouvoir se reformer, la première ligne des Français tombant sur les autres, jetait partout une confusion dont les Anglais profitèrent. Là périt l'imprudent connétable, avec plusieurs braves officiers, presque sans pouvoir se défendre.

Cependant la seconde ligne, commandée par le duc d'Alençon, essaya de réparer l'échec reçu par la première ; et Henri V, qui se signalait par des traits de valeur prodigieux, courut à plusieurs reprises risque de la vie. Le brave duc voyant que ses soldats commencent à ne plus pouvoir soutenir l'impétuosité des Anglais, animés par l'exemple et le péril de leur roi, s'élance contre

Mon ami je confie à ta fidélité le fils de ton Roi

Henri en criant : « Je suis le duc d'Alençon. » Aussitôt d'un revers il abat sa couronne : Henri lui riposte par un coup qui l'étend à terre, et tue deux des chevaliers du duc. Les gardes du prince anglais se jettent aussitôt sur un ennemi hors de défense, et le percent de mille blessures. Henri, dit-on, ne put s'opposer à leur rage ; ce qui est constant, c'est que la mort du duc fut le signal de la déroute complète de son corps d'armée. Un grand nombre rendirent leurs épées aux vainqueurs.

Restait la troisième ligne ; mais à la vue du carnage affreux des meilleures troupes françaises, les soldats n'écoutèrent plus la voix de leurs officiers ; et quoique plus nombreux encore que l'armée anglaise, ils se retirèrent du champ de bataille. Henri V sentit qu'il pouvait triompher d'eux facilement ; il leur fit dire par un héraut que s'ils l'attendaient en conservant leurs rangs, il ne leur ferait aucun quartier : alors ils se dispersèrent comme il l'avait espéré.

Henri et ses Anglais venaient de se couvrir de gloire et de profiter avec autant d'adresse que de présence d'esprit des fautes de leurs ennemis ; mais ils souillèrent cette gloire

par une de ces actions atroces qu'on ne peut trop exécrer. On vint annoncer au roi que les Français, parvenus à son arrière-garde, s'emparaient de son camp; c'étaient quelques corps de milices, dont le but principal était le pillage ; Henri aussitôt fit passer au fil de l'épée tous ses prisonniers désarmés, à l'exception des plus distingués, dont il attendait de riches rançons. Il marcha ensuite vers les pillards, qui disparurent à son approche.

Les Français perdirent sur le champ de bataille environ dix mille hommes, parmi lesquels étaient un grand nombre d'officiers de marque. Celui des prisonniers si indignement massacrés, n'a jamais été bien exactement connu; mais on croit qu'il fut encore plus considérable. Les Anglais assurent qu'ils perdirent au plus quatre cents hommes.

Henri affecta envers les prisonniers qu'il avait épargnés, une extrême modération : il reconnut qu'il ne devait pas sa victoire à la supériorité de la valeur, mais à la Providence, qui, disait-il, avait voulu punir les Français par ses mains. Au reste, cette sanglante action, si douloureusement fameuse dans les fastes de la France, ne fit pas faire an monarque anglais la moindre acquisition d'importance. Il se rendit à Calais, et de là en Angleterre ; mais il laissa entre les princes français des sujets de division plus grands qu'auparavant, et dont lui et sa nation ne tirèrent que trop de parti pour tenir la France dans une longue anarchie.

Principaux traits de la vie de Marguerite d'Anjou, épouse de Henri VI.

Peu de femmes ont autant illustré leur sexe que cette princesse, dont la vie fut si agitée, et qui méritait un meilleur sort par son courage et sa constance dans le malheur, quoiqu'elle n'ait pas été plus que d'autres personnages historiques à l'abri des reproches dans plusieurs circonstances.

Fille de René d'Anjou, qui, après la mort de son frère aîné, avait pris le titre de roi de Sicile, Marguerite épousa, en 1445, Henri VI, roi d'Angleterre. Les noces se célébrèrent à Tours, à la cour du roi de France Charles VII, au mois de novembre. Le printemps suivant, la jeune reine passa en Angleterre, et par sa beauté, son esprit et son caractère, obtint bientôt sur son époux un ascendant qui ne se démentit jamais.

Huit ans plus tard (en 1453), elle mit au monde un fils nommé Edouard, qui fut proclamé prince de Galles, et qui devait partager ses infortunes avant de périr d'une mort cruelle et prématurée.

Henri VI, contre lequel le duc d'Yorck et d'autres seigneurs s'étaient révoltés, fut défait à Saint-Albans, en 1455, par ce duc, dont le comte de Warwick, qui joua un rôle si important dans les troubles de son pays, commandait l'armée. Il y eut ensuite des rapprochemens, puis de nouvelles ruptures, suivies d'engagemens et de batailles. Enfin, en 1460, les comtes de Warwick, de la Marche et de Salisbury entrèrent à Londres à la tête d'une armée de quarante mille hommes. Le roi avait été obligé de sortir de cette ville avec sa famille.

Marguerite alors devint l'âme de son parti. Elle assembla une armée à Coventry. Le roi y était, et les ducs de Sommerset et de Buckingham en avaient le commandement ; mais on pouvait en considérer Marguerite comme le véritable général.

Le comte de la Marche et le duc de Warwick s'avancèrent contre elle avec vingt-cinq mille hommes. Elle en avait un peu moins, et les deux armées se trouvèrent en présence près de Northampton, le 19 juillet. Après quelques propositions et des démonstrations de respect de la part des seigneurs, auxquelles la reine ne crut pas, on en vint aux mains. Marguerite était à portée de donner ses ordres, et le faible Henri attendit dans sa tente le sort d'une journée qui allait décider de sa couronne. Les seigneurs révoltés firent publier que l'on respectât la personne du roi, que l'on épargnât le sang des soldats, mais que l'on fît main-basse sur les officiers. Ils attaquèrent ensuite, à deux heures après midi. Le combat se soutint avec un extrême acharnement, jusqu'à sept heures. Alors le lord Grey de Ruthwin, qui commandait dans l'armée de Henri un corps considérable, passa du côté des rebelles. Dès lors ces derniers eurent un avantage incontestable, et les troupes de Henri ne songèrent plus qu'à chercher leur salut dans la fuite. La reine prit ce parti, ainsi que le duc de Sommerset. Ils emmenèrent avec eux le jeune prince de Galles, et ne s'arrêtèrent qu'à Durham. L'autre chef de son armée, le duc de Buckingham, fut tué avec plusieurs officiers distingués. Henri fut pris et traité avec de grandes marques de respect. On l'envoya d'abord à Northampton, puis à Londres.

La reine passa dans le pays de Galles, et enfin se réfugia en Ecosse.

Par un accommodement honteux et forcé, Henri reconnut pour son successeur, à l'exclusion de son propre fils, le duc d'York, père du comte de la Marche ; après quoi il signa un ordre à la reine pour revenir à Londres.

On savait bien qu'elle n'obéirait pas à un époux prisonnier et avili. En effet, ayant repassé en Angleterre, elle leva dans les comtés du nord une armée de dix-huit mille hommes. Les historiens anglais, dont en général il faut se défier lorsqu'ils parlent de cette princesse, dans laquelle ils ne peuvent s'empêcher de voir une étrangère, disent que pour assurer le succès de ses levées, elle promit le pillage à ses troupes jusqu'au midi de la Trent. Le duc d'York partit de Londres à la tête de cinq mille hommes, ordonnant à son fils de le suivre avec le reste de l'armée. Il apprit avec surprise que la reine, à laquelle il ne supposait pas de ressources, marchait contre lui avec une armée presque quadruple de la sienne. Il se jeta aussitôt dans son château de Sandal, où, faute d'artillerie, Marguerite ne put le forcer. Elle employa tous les moyens possibles, et jusqu'aux messages les plus insultans, pour l'attirer dans la plaine. Le duc, quels que fussent ses motifs, sortit enfin, et engagea l'action près de Wakefield. Il chargea les troupes de la reine avec résolution ; mais elle en avait caché une partie derrière une colline. Elles tombèrent sur l'arrière-garde du duc, qui fut tué en combattant à pied avec une extrême valeur. La plupart de ses chefs, et deux mille huit cents hommes, formant plus de la moitié de son armée, eurent le même sort. Le comte de Salisbury, fait prisonnier, eut la tête tranchée. On exposa cette tête et celle du duc sur les murs d'York. Cette bataille fut livrée le 13 décembre 1460.

Le comte de la Marche, devenu duc d'York par la mort de son père, se hâta de le venger. C'était surtout Marguerite que sa haine cherchait. A la tête d'une armée de vingt-trois mille hommes, il attaqua un corps détaché par la reine, et commandé par Gaspard Tudor, comte de Pembrock, et le tailla en pièces près d'Héréford. Owen Tudor, beau-père du roi Henri, fut pris et eut la tête tranchée avec neuf autres officiers. Telles sont les cruelles représailles qu'enfantent les guerres civiles; tels sont presque toujours les détails qu'offrent les longs et sanglans démêlés des maisons d'York et de Lancastre. La reine n'en continua pas moins de marcher sur Londres, avec son fils, un grand nombre de chefs distingués, et son armée victorieuse. Warwick ne se crut pas en sûreté dans la capitale; il emmena le roi captif, et résolut de livrer bataille. La reine s'avança jusqu'à Saint-Albans ; et le jour du mardi-gras (1461), les deux partis combattirent près de cette place, à Barnard's-heath. Quoique Warwick eût été renforcé par un corps de citoyens de Londres qui craignaient le pillage, il était encore inférieur à la reine. Cependant il paraissait avoir l'avantage, lorsque lord Lovelace, un de ses chefs, laissa, par une retraite intempestive, son centre à découvert. Marguerite eut alors la victoire ; mais Warwick, quoique affaibli par la perte de deux mille hommes tués, fit une belle retraite. Henri, par cet événement, recouvra la liberté. Il avait persuadé à lord Bonvil et à sir Thomas Kyreil, ses gardiens, de ne pas prendre la fuite, en leur promettant la vie ; mais, disent les historiens, *il n'eut pas assez de crédit* pour pouvoir leur tenir sa promesse, et Marguerite leur fit trancher la tête le lendemain, à Saint-Albans. On s'accorde à penser que cette princesse fit une faute capitale en ne marchant pas aussitôt sur Londres. Si l'on y avait craint le pillage, on tremblait alors, et l'on n'eût osé résister à ses troupes, victorieuses d'York et de Warwick. Elle se contenta, plus tard, de demander des vivres, que le lord-maire ne put lui refuser, mais que le peuple, revenu de sa première frayeur, ne laissa pas sortir. Deux corps de troupes qu'elle fit marcher contre la ville pour punir cette insulte, furent repoussés, et elle jura de tirer vengeance de tous ces outrages ; mais le sort ne lui permit jamais d'effectuer cette menace.

A la nouvelle que le comte de la Marche et Warwick, ayant réuni leurs forces, marchaient sur Londres, elle se retira vers le nord pour y recruter son armée. Ses ennemis furent reçus avec des acclamations générales.

Voulant profiter de cette affection du peuple, Warwick rangea son armée en bataille près de la ville, sous prétexte d'une revue, et les curieux s'en approchèrent en foule. Alors le duc ayant invectivé contre Henri, fit proclamer roi, à la place de ce prince, Édouard, comte du Perche et duc d'York, qui prit le nom d'Edouard IV.

Résolu de traiter avec une extrême rigueur les partisans de la maison de Lancastre, et ayant déjà commencé d'agir d'après ces principes (1), Edouard, huit jours après son

____

(1) Il fit pendre comme coupable de *haute-*

couronnement, marcha contre Marguerite. Elle avait agi avec tant de succès, qu'elle n'avait pas alors sous les armes moins de soixante mille hommes, pleins d'ardeur et de dévouement. Edouard était résolu de tout risquer pour se consolider sur le trône ; ainsi, tout annonçait une affaire sanglante et décisive.

Elle fut précédée d'une action qui fut pour la reine d'un heureux augure. Sommerset, son général, fit attaquer par Cliffort un détachement qu'Edouard, arrivé à Pontefract, avait envoyé à Ferrybridge, sur la rivière d'Aire. Fitzwalter, chef de ce détachement, fut tué.

Cet échec alarma fortement Warwick ; mais Edouard, plus calme, fit publier que ceux qui ne voudraient pas rester près de lui pourraient se retirer. Il promit en même temps de grandes récompenses à ceux qui le serviraient avec courage.

---

trahison, un malheureux épicier, parce que faisant allusion à une *couronne* que son enseigne représentait, il avait dit qu'il ferait son fils héritier de la couronne. Son attachement pour la maison de Lancastre, et non ce jeu de mots, fut la vraie cause de sa mort.

Edouard envoya ensuite contre Cliffort lord Falconbridge, qui le surprit, le tua, et mit ses troupes en déroute. Quand les Yorkistes eurent ainsi vengé leur échec, on se disposa de part et d'autre à la bataille, dont Marguerite et Henri attendaient l'issue dans la ville d'York.

Elle eut lieu à Towton, le dimanche des Rameaux de la même année 1461. Aux soixante mille Lancastriens, Edouard n'opposait que quarante mille hommes; mais ils étaient tous aguerris : et, persuadé qu'il remporterait la victoire, il leur donna l'ordre cruel de ne pas faire de prisonniers.

A neuf heures, la neige, poussée par un vent violent au visage des troupes de Marguerite, ne leur permit pas de savoir si elles étaient près ou loin des ennemis. Falconbridge, commandant de l'avant-garde d'Edouard, tira parti de cet accident, et eut recours à un stratagème qui lui réussit. Il fit avancer ses archers en-deçà même de la portée du trait; ils décochèrent leurs flèches, et ensuite se retirèrent. Alors les Yorkistes, tirant coup sur coup dans l'obscurité, vidèrent presque tous leurs carquois sans toucher personne. Les archers de Falconbridge revinrent, et avec les flèches mêmes des Lancastriens, dont la terre était jonchée, ils leur tuèrent un très-grand nombre d'hommes.

Pour faire cesser ce désavantage, les chefs de Marguerite firent engager le combat corps à corps, et l'on montra des deux côtés cette animosité personnelle, cet acharnement qui caractérisent si tristement les guerres civiles. A la nuit, la bataille était encore indécise ; mais les Lancastriens, qui avaient perdu plusieurs chefs renommés, commencèrent à céder, quoique sans confusion, et firent leur retraite sur le pont de Tadcaster. De temps en temps ils faisaient volte-face ; mais Edouard et Warwick, qui s'étaient signalés par leur intrépidité et leur présence d'esprit, surent si bien encourager leurs troupes à faire un dernier effort, qu'enfin la retraite des soldats de Marguerite devint une déroute. Ils avaient perdu beaucoup de monde sur le champ de bataille, et pendant qu'ils étaient poursuivis; mais leurs pertes les plus considérables eurent lieu au passage de la petite rivière Coc, qui se jette dans la Warf. Ils espéraient la passer à gué ; mais elle avait été tellement grossie par les pluies, qu'ils ne purent la traverser avant que les corps d'un grand nombre d'entre eux y eussent formé une espèce de pont ou de chaussée. Les eaux de cette rivière devinrent toutes sanglantes.

Il périt dans cette fatale journée plus de trente-six mille hommes, pour la plupart du parti de Lancaster, dont les espérances furent alors complètement ruinées, quoique Marguerite ne se tînt pas pour entièrement vaincue. Le duc de Sommerset vint la joindre à Berwick, où elle s'était enfuie avec son époux et son fils, tandis qu'Edouard marchait sur York, dans l'espoir de s'emparer d'eux ; de là elle passa en Ecosse, où cette famille fugitive fut favorablement reçue.

Quand Edouard entra dans York il fit ôter de dessus les murailles la tête de son père et celle du duc de Salisbury ; on les remplaça par celles du duc de Devonshire et de quelques autres Lancastriens pris dans la bataille.

Marguerite passa en France, où elle ne put obtenir d'abord de Louis XI que vingt mille livres, et l'assurance que les Lancastriens seraient toujours bien reçus dans son royaume ; ensuite elle eut quelques troupes, commandées par Brezé, sénéchal de Normandie ; mais elle fut repoussée à Tignmouth, où elle voulait descendre, et manqua de périr dans une tempête.

Malgré toutes ces contrariétés elle débarqua à Berwick, et presque toujours assurée de trouver des secours dans les contrées du nord de l'Angleterre, elle pénétra dans le Northumberland ; alors les volontaires, qui se joignirent à elle, et auxquels, dit-on toujours, elle avait promis le pillage, lui formèrent une armée si nombreuse que le duc de Sommerset et sir Ralph-Pierci, qui avaient embrassé le parti d'Edouard, pensèrent que Henri VI allait remonter sur le trône. Ils portèrent de nouveau à la reine des assurances de fidélité sur lesquelles elle dut peu compter.

Le baron Montague, général d'Edouard, battit à Hedgeley-moor un parti de la reine. Ralph-Pierci fut tué dans l'action. Alors, sans attendre Edouard, le vainqueur eut l'audace d'attaquer dans ses lignes l'armée de Marguerite à Hexham. Ce fut une surprise et une déroute plutôt qu'une bataille. Sommerset fut au nombre des prisonniers, et fut décapité avec plusieurs autres. Marguerite, son époux et son fils furent encore une fois obligés de fuir en Ecosse, et si près d'être saisis par ceux qui les pousuivaient, que plusieurs des gens qui les accompagnaient tombèrent au pouvoir des soldats d'Edouard.

Peu de temps après les Ecossais ayant fait la paix avec le vainqueur, à la condition qu'aucune des deux puissances n'assisterait les ennemis de l'autre, Henri VI crut, avec raison, qu'il ne serait pas en sûreté à Edimbourg ; mais au lieu de passer en France il prit l'imprudente résolution de se rendre en Angleterre, dans l'espoir vague de s'y faire des partisans. Quoique déguisé, il fut découvert dans le comté de Lancaster par sir Harrington ; cet homme traita de la manière la plus insolente un prince qui avait été proclamé roi de France et d'Angleterre. Il le conduisit à Londres, les jambes attachées sous le ventre de son cheval. Warwick, qui le rencontra, l'accabla d'injures, et encouragea la populace à l'outrager.

Après la nouvelle captivité de Henri, Marguerite et son fils errèrent en divers lieux, forcés de se cacher dans les bois et les déserts, et souvent réduits à la plus grande disette. Ce fut à cette époque de sa vie que Marguerite se signala par un trait de courage et de présence d'esprit justement célèbre.

Errant avec son fils, âgé seulement de dix ans , elle fut suprise par des voleurs et dépouillée de ce qui lui restait d'effets. Elle n'attendait que la mort, lorsqu'une dispute s'éleva entre les brigands, sur le partage des objets volés : elle en profita pour s'enfuir avec son enfant à travers une forêt. A peine se croyait-elle hors de danger qu'elle vit un autre brigand , qui, d'un air farouche, s'avançait vers elle l'épée à la main. Ni la fuite avec un enfant , ni la résistance n'étaient possibles. Marguerite prend soudain son parti. Loin de paraître redouter l'agresseur, elle marche à lui , et du ton le plus noble, prenant le jeune Edouard par la main : « Mon ami , dit-elle » au voleur, je confie à ta fidélité le fils de » ton roi , le fils du bon Henri ». Ces paroles, son air imposant et sa beauté touchent fortement le cœur de cet homme ; il tombe à ses pieds, et lui jure de défendre elle et le jeune prince jusqu'à la dernière goutte de son sang. Au reste, par un hasard heureux, il se trouva qu'il avait été un de ses partisans, ce qui explique son dévouement et l'agréable résultat d'une rencontre si périlleuse ; mais Marguerite l'ignorait, lorsqu'elle avait pris son héroïque résolution.

Conduits par cet homme sur le bord de la mer, Marguerite et son fils passèrent en Flandres, et arrivèrent à la cour de René d'Anjou. Là, elle put jouir de quelque repos, méditer sur ses malheurs, et se préparer à en souffrir de nouveaux ; car l'activité de son âme ne lui promettait pas de rester paisibles sous la protection paternelle.

Qui donna de nouvelles espérances à Marguerite de recouvrer une puissance qu'elle regrettait toujours ? ce même comte de Warwick dont la bravoure et les talens lui avaient été si funestes. Ses démêlés avec Edouard furent portés à un tel excès que ce roi proclama *traître* celui qui avait tant contribué à placer la couronne sur sa tête. Warwick passa en France avec le duc de Clarence, frère du roi, et son gendre, qui se trouvait enveloppé dans la même proscription.

Sous la médiation de Louis XI, Marguerite et Warwick, que tant de sujets de haine devaient éloigner l'un de l'autre, se rapprochèrent et conclurent un traité. Le jeune Edouard, fils de Marguerite, épousa aussitôt

la plus jeune des filles du comte de Warwick, qui fut ainsi allié aux deux maisons
d'York et de Lancastre.

Warwick, débarqué en Angleterre, vit
passer sous ses drapeaux l'armée d'Edouard,
et entra triomphant à Londres le 6 octobre
1470. Tandis qu'Edouard, dénué de tout,
débarquait en Hollande, Warwick fit sortir
Henri VI de la tour où il était prisonnier,
pour le replacer sur le trône.

Edouard revint avec des vaisseaux et des
troupes que lui avait fournis son beau-frère
le duc de Bourgogne. Il marcha sur Londres,
et fut rejoint sur sa route par un grand nombre de partisans. Warwick commit la faute de
l'y laisser entrer, et Henri fut de nouveau
prisonnier.

Warwick, abandonné par le duc de Clarence, fut accablé à la bataille de Barnet, par
les troupes d'Edouard, supérieures aux sien-
nes, et périt au milieu de l'action, après avoir
fait des prodiges de valeur. Cette sanglante
bataille eut lieu le 13 avril 1471.

Ce fut sous ces sinistres auspices que Marguerite débarqua de nouveau en Angleterre,
le jour de Pâques, à Weymouth, après une
longue et dangereuse traversée. Elle avait
avec elle son fils et quelques troupes fran-

çaises. Quand elle apprit la défaite de War-wick, et la nouvelle captivité de son époux, elle parut enfin succomber à tant de vicissitudes du sort, et se retira dans un monastère du Hampshire ; mais bientôt elle recouvra son énergie, à quoi sans doute contribuèrent puissamment les secours qu'elle reçut d'un grand nombre de seigneurs qui vinrent se ranger près d'elle. Elle se vit donc une fois encore à la tête d'une armée considérable.

Aussitôt elle marche à Teukesbury en Dorsetshire, pour gagner le pays de Galles et joindre le comte de Pembrock, qui tenait son parti avec un corps d'armée.

Edouard sentit tout le danger où cette réunion l'eût placé, et la prévint par une extrême activité. Il s'approcha des bords de la Severn, et fut bientôt en présence de Marguerite. Elle n'osa passer ce fleuve, dans la crainte qu'il n'attaquât et ne défît son arrière-garde ; elle se retrancha donc dans un parc voisin de la ville, résolue d'y attendre Pembrock. Edouard se détermina aussitôt à l'attaquer avant qu'elle se fût mieux fortifiée, ou que ses forces se fussent accrues.

Il rangea son armée sur deux lignes, le duc de Glocester en commandait une, et Edouard, ayant avec lui son autre frère, le duc de Clarence, se mit à la tête de la seconde. Edmond, duc de Sommerset, et général de l'armée de la reine, disposa ses troupes sur trois lignes dans les retranchemens, en prenant le commandement de la première ; le prince de Galles, avec le titre de général en chef, était placé à la seconde, et le duc de Devon à la troisième.

Edouard s'aperçut que Sommerset s'était ménagé des espaces pour faire des sorties ; voulant tirer parti du caractère impétueux de son ennemi, il dit à Glocester de l'attirer hors des lignes, en faisant semblant de fuir. Glocester exécuta parfaitement cet ordre. Son attaque ayant été soutenue avec beaucoup de courage, il rétrograda dans un tel désordre apparent, que Sommerset se mit à le poursuivre pour achever sa défaite. Glocester arrivé au lieu convenu fait volte-face, range en un instant ses troupes, qu'il avait probablement instruites de sa ruse avant l'attaque, et revient fièrement sur Sommerset. Les soldats de celui-ci sont frappés d'étonnement, puis d'épouvante, et ne songent plus qu'à regagner en désordre leurs retranchemens.

Sommerset ne s'était pas tellement abandonné à son ardeur qu'il n'eût ordonné à

Wenlock, commandant de la seconde ligne sous le prince de Galles , de le suivre et de le soutenir s'il était nécessaire. Furieux de ce que cet officier n'avait point quitté les retranchemens , Sommerset court à lui et lui fend la tête d'un coup de sa hache d'armes.

Cependant Glocester est entré dans les retranchemens avec les fuyards. Le jeune Edouard voyant tout en confusion ne sait quel parti prendre. Sommerset, qui dans sa fureur vient de priver ce prince de son conseil et de son guide , est trop hors de lui pour réparer tout ce mal. C'est alors qu'Edouard, qui avait promis à son frère de le soutenir , tient sa parole et achève la déroute de l'armée de Marguerite. Trois mille hommes et plusieurs chefs , parmi lesquels était le duc de Devon, périrent sur le champ de bataille. Sommerset, réfugié dans l'église de l'abbaye , avec une vingtaine d'officiers , espérait comme eux que cet asile serait respecté; mais ils en furent arrachés avec violence et mis à mort.

Une scène plus cruelle encore se préparait ; ce jeune Edouard , objet des sollicitudes , et compagnon des malheurs de sa mère , est amené devant l'autre Edouard ,

que la victoire favorise : « Qui t'a donné,
» lui dit celui-ci, l'audace d'entrer en ar-
» mes dans mes états ? — J'y suis venu,
» répond avec fierté le fils de Marguerite,
» pour recouvrer mon héritage et la cou-
» ronne de mon père, usurpés par toi. »
Edouard IV, furieux, le frappa au visage de
son gantelet de fer ; et comme si c'eût été le
signal du meurtre, les ducs de Clarence et
de Glocester, avec quelques autres, se jettent
sur le jeune prince et l'égorgent : il n'avait
que dix-huit ans.

Pour Marguerite, dont ce jour anéantis-
sait les dernières espérances, elle fut trouvée
sans connaissance dans un chariot sur le
champ de bataille. On l'envoya prisonnière
à Londres ; elle fut enfermée dans la tour,
où peu de temps après son époux mourut
par un crime dont on chargea toujours le
duc de Glocester.

Après quatre ans de captivité, Marguerite
fut rachetée par le roi de France, pour cinquante mille écus : ainsi elle put achever
dans le calme et l'obscurité une carrière jusqu'alors si orageuse.

Les historiens anglais invectivent beaucoup contre cette princesse française, qui,
disent-ils, fit verser des torrens de sang en

Angleterre ; mais épouse d'un roi reconnu depuis vingt-trois ans , lorsqu'elle unit sa destinée à la sienne , elle ne fit que soutenir ses droits et ceux de son fils avec un courage dont ce prince était entièrement dépourvu : elle fit ce qu'il aurait dû faire ; et d'ailleurs les sanglans démêlés des maisons d'York et de Lancastre datèrent-ils de son arrivée en Angleterre ? Eut-elle pu maintenir la paix ? Enfin chercha-t-elle à détrôner son antago-niste, ou bien fut-elle détrônée par lui? Rien n'est plus facile que de répondre à ces ques-tions , et que de justifier une femme dont Edouard et Warwick eux-mêmes honorèrent et redoutèrent long-temps le courage et la fermeté.

Crimes de Richard III. Il est défait et tué à Bosworth.

ASSASSIN du fils de Marguerite d'Anjou et du roi Henri VI, Richard, duc de Glocester, n'avait en quelque sorte fait que préluder à de nouveaux crimes. Dans le dernier siècle, Robert Walpole voulut se faire une réputation de critique en élevant des doutes sur les forfaits reprochés à ce prince ; (1) mais comme tous les historiens l'accusent, comme il serait matériellement impossible qu'un autre que lui les eût ou commis ou ordonnés, ce sont eux et non Walpole que je prendrai pour guides.

Richard brûlait de monter sur le trône ; et il y parvint, quoiqu'il en fût assez éloigné, puisque Edouard IV, son frère, avait deux fils, et que Georges, duc de Clarence, étant l'aîné de Richard, aurait succédé à

______

(1) Louis XVI, qui savait très-bien l'anglais, fit à l'ouvrage paradoxal de Walpole, l'honneur de le traduire. C'est la principale raison qui m'a porté à en parler.

Edouard s'il fût mort sans enfans. Ce duc avait d'ailleurs des enfans à qui la couronne eût encore appartenu, à l'exclusion de Richard.

L'an 1478 Richard commença par exciter secrètement le duc de Clarence à s'emparer de la couronne : ensuite il anima contre lui la haine d'Edouard. Tout lui réussit ; accusé et convaincu de haute trahison, Clarence fut enfermé dans la tour de Londres, et secrètement mis à mort. On prétend qu'il fut noyé dans un tonneau de Malvoisie. Cinq ans plus tard Edouard mourut, le 9 avril, à quarante-deux ans.

Son fils, âgé seulement de douze ans, fut proclamé roi sous le nom d'Edouard V ; mais Richard employa dès lors tous les moyens de lui ravir la couronne. Il se fit déclarer régent ou protecteur du royaume, et s'empara de la personne du jeune prince. Elisabeth, veuve d'Edouard IV, se retira dans l'abbaye de Westminster avec son second fils, le duc d'York, âgé de neuf ans.

Richard lui fit savoir que si elle n'envoyait pas ce dernier près du roi, on le lui enleverait de force. L'archevêque de Cantorbery ne soupçonnant pas, dit-on, l'affreux projet de Richard, détermina Elisabeth à se résigner. Elle embrassa donc son fils en pleurant et le laissa partir.

A peine les deux jeunes princes s'étaient-ils félicités d'être réunis qu'on les transporta dans la tour de Londres, sous prétexte que les rois d'Angleterre avaient coutume d'en partir à cheval pour se rendre à Westminster lors de leur couronnement.

Richard alors fit répandre par des scélérats à ses ordres, le bruit que ni Edouard ni Clarence n'avaient été légitimes : Richard seul, ajoutaient-ils, annonçait par ses traits et son caractère qu'il était vraiment le fils du dernier duc d'York.

Il fit, sans aucune forme de procès, trancher la tête à plusieurs seigneurs opposés à ses vues. Le duc de Buckingham était son principal complice ; et le frère du lord-maire, le docteur Shaw, ne rougit pas de prêcher publiquement sur la prétendue illégitimité des frères aînés de Richard. Son sermon fut très-mal accueilli : Buckingham n'obtint pas d'abord plus de succès ; mais enfin ses domestiques et quelques bourgeois ayant crié : « Vive le roi Richard ! » Buckingham déclara qu'il voyait avec joie sa proposition *universellement* approuvée ; et le 6 juillet 1483, Richard fut couronné sous le nom de Richard III.

Il envoya aussitôt des ambassadeurs à plusieurs souverains ; et celui qui se rendit près du duc de Bretagne eut ordre de demander que ce prince livrât à son maître Henri, comte de Richemond, dont il redoutait les prétentions à la couronne.

Ayant rebuté par ses dédains le duc de Buckingham, il profita de son absence pour faire périr ses neveux dans la tour. Il trouva dans sir James Tyrrel un assassin disposé à le servir. Déjà cet homme avait exécuté sous Edouard IV de semblables crimes, sous le titre de vice-connétable. Richard III renouvela pour lui cette charge, et Tyrrel s'introduisit dans la tour. Deux scélérats à ses gages étouffèrent le jeune monarque et son frère dans leurs lits : telle est du moins l'opinion la plus accréditée, quoique le fait n'ait jamais pu être prouvé avec évidence ; mais qu'importe ! puisqu'il est certain que les deux jeunes princes disparurent pour toujours. Il est d'ailleurs constant que sous le règne de Charles II, des ouvriers occupés à réparer la partie de la tour où on les avait enfermés, trouvèrent un petit squelette hu-

main qui ne pouvait être que celui de l'un
des deux, et qui fut enterré dans l'abbaye
de Westminster.

Thomas Morus prétend que Richard,
d'abord très-joyeux quand ce nouveau forfait fut consommé, éprouva ensuite des remords; qu'il sautait hors de son lit, se mor-
dait les lèvres, et mettait la main sur son
épée. On doit désirer que ce récit soit vrai;
mais rien dans la conduite de Richard n'annonça ces remords prétendus.

Bientôt Buckingham résolut de se venger
des dédains que Richard, n'ayant plus besoin de lui, n'hésitait pas à lui témoigner.
Lui et Morton, évêque d'Ély, intriguèrent
pour faire reconnaître roi le comte de Richemond. La reine douairière approuva leurs
projets, et le comte fut même soutenu par
le souverain de Bretagne, justement cour-
roucé contre la scélératesse de Richard III.

La fortune favorisa d'abord ce dernier. Le
duc de Buckingham, qui avait levé une armée,
se vit bientôt abandonné. Il se retira chez un
homme qui lui devait toute sa fortune, et
en fut trahi. Richard III lui fit trancher la
tête; et le duc expia ainsi la part qu'il avait
prise à son usurpation.

Cependant Henri, comte de Richemond,

mit à la voile pour l'Angleterre avec cinq mille Bretons ; mais sa flotte fut dispersée , et il n'échappa que par le plus heureux hasard aux troupes de Richard disséminées sur la côte.

Richard III perdit en 1484 son fils , qu'il avait fait déclarer prince de Gallés , et il conclut avec Pierre Landois , ministre du duc de Bretagne , un traité qui manqua de mettre Richemond en son pouvoir. Le comte eut à peine le temps de se rendre à la cour de France , où le duc de Bretagne , indigné de la conduite de son ministre , permit à plusieurs seigneurs anglais d'aller le rejoindre.

D'autres lords habitant l'Angleterre firent aussi à Richemond des offres de service , et parmi eux fut Stanley , qui avait épousé sa mère.

Richard III parvint à savoir que le comte de Richemond se proposait de confondre les prétentions des maisons de Lancastre et d'York , en épousant la fille aînée de la reine , veuve d'Edouard IV , nommée Elisabeth comme sa mère. On devinerait difficilement le parti qu'il prit pour s'opposer à ce mariage ; ce fut celui de demander lui-même la jeune Elisabeth pour femme. Elle était sa nièce ; il avait fait périr non seulement ses frères , mais ses oncles , et enfin lui-même était marié.

Tant d'obstacles ne le rebutèrent pas. Il éblouit la reine douairière par la perspective de remonter sur le trône ; il lui jura de protéger deux frères qui lui restaient, et ses filles retirées près d'elle; et enfin, par une conduite qu'on ne peut caractériser, elle ne parut pas éloignée de se laisser persuader.

Anne , épouse de Richard III , mourut sur ces entrefaites , et ce n'était pas le juger trop sévèrement que de le regarder comme l'auteur de sa mort. On la plaignit moins qu'on n'eût fait toute autre , car l'ambition l'avait portée à épouser Richard , tandis qu'elle avait eu pour premier époux le jeune Edouard , fils de Henri VI et de Marguerite d'Anjou , si barbarement massacré à Tewkesbury par Richard et ses complices.

Il adressa aussitôt ses hommages à la princesse Elisabeth ; mais, moins faible que sa mère , elle les rejeta , en lui témoignant toute l'horreur qu'ils lui inspiraient.

Cependant le comte de Richemond était de plus en plus pressé par un grand nombre de seigneurs anglais de venir mettre fin à la tyrannie de Richard III. Il s'embarqua le 31 juillet 1485 , à Harfleur ; et le 6 août entra dans le port de Milfort, au pays de Galles. Il se rendit de là à Haverford, où il fut reçu avec enthousiasme, et se prépara à traverser la Severn à Shrewsbury. Plusieurs seigneurs se joignirent à lui, et Herbert, général de Richard III, le laissa passer sans l'attaquer.

Lord Stanley, beau-père de Richemond, et son frère, levèrent cinq mille hommes de troupes, sous prétexte de seconder Richard ; mais ils firent dire secrètement au comte qu'ils se déclareraient en sa faveur dès que le lord ne craindrait plus pour son fils lord Strange, que Richard gardait près de lui comme ôtage.

Richard assembla une armée à Nottingham, résolu de combattre son ennemi afin de l'empêcher de se rendre à Londres. Le 22 août les deux armées furent en présence à Bosworth. Richard avait douze mille hommes bien équipés, et Richemond n'en comptait pas plus de cinq mille, encore étaient-ils mal armés. Outre ces deux troupes on en voyait deux autres qui se tenaient sur les flancs de chaque armée : elles obéissaient à lord Stanley et à son frère sir William ; la première était de cinq mille, l'autre de deux mille guerriers. Richard envoya ordonner à

Stanley de le joindre, et n'en reçut qu'une réponse équivoque. Il allait faire mettre à mort le fils de ce seigneur, lorsque ses officiers l'en empêchèrent, en lui représentant qu'il pousserait ainsi Stanley au désespoir, et lui ferait prendre le parti de Richemond. Il reconnut qu'il était plus avantageux pour lui-même que les deux Stanley restassent neutres pendant l'action. Ce roi, qui avait donné plusieurs preuves de capacité militaire, fit une faute irréparable en n'opposant pas à chacun des frères un corps d'armée égal au sien, avec ordre de l'attaquer s'il se disposait à prendre le parti de Richemond. Richard eut alors pu combattre ce dernier à forces égales ; mais l'heure approchait où il allait expier ses forfaits.

Un mouvement habile de Richemond lui procura le double avantage d'assurer sa droite par un marais, et d'éviter le soleil qui frappait en plein dans les yeux des soldats de Richard. Quand les archers eurent lancé leurs flèches de part et d'autre, le duc de Norfolk, commandant l'avant-garde de Richard, se mit en mesure d'envelopper Richemond ; mais lord Stanley saisit cet instant pour se réunir au comte. Les deux armées se trouvèrent alors à peu près égales en forces , car sir William Stanley se disposait à imiter son frère. Leur défection rendit incertaines et timides les troupes de Richard ; d'ailleurs elles ne pouvaient se dissimuler qu'elles étaient armées pour un usurpateur couvert de crimes. Le comte d'Oxford , qui commandait la première ligne de Richemond, les attaqua aussitôt avec furie , et en même temps Richemond d'un côté , Richard de l'autre , ayant la couronne sur la tête , s'élancèrent aux premiers rangs : Richard courut sur son adversaire , la lance en arrêt , tua son porte-étendard et renversa un de ses plus braves officiers. Richemond ne refusa point le choc d'un si terrible ennemi ; mais ils furent séparés par les soldats.

Sir William Stanley saisit ce moment pour se déclarer contre Richard. Il attaqua son aile droite et la mit en désordre , tandis que le comte de Northumberland, au lieu de soutenir le roi , se tint dans l'inaction avec le corps qu'il commandait. Richard voyant sa situation désespérée , s'élança au milieu des ennemis , et y trouva la mort qu'il cherchait. Il y eut environ mille hommes tués de son côté , et la couronne d'Angleterre n'en coûta pas cent à l'heureux Richemond. Le duc de Norfolk et quelques autres seigneurs

Votre véritable capitaine c'est moi

du parti de Richard furent au nombre des morts. On prit et on fit périr quelques-uns des scélérats dévoués au tyran.

Sa couronne, trouvée sur le champ de bataille, fut placée par lord Stanley sur la tête de Richemond, et l'armée le salua roi sous le nom de Henri VII. Le corps de Richard, couvert de blessures et de sang, fut exposé deux jours à Leicester, et traité avec la dernière ignominie. Henri, en considération de la famille illustre à laquelle Richard avait appartenu, lui fit élever un tombeau dans l'abbaye de la ville.

La mort de Richard III mit fin à la guerre qui durait depuis trente années entre les maisons d'York et de Lancaster. Les historiens calculent qu'elle avait coûté la vie à cent mille Anglais, parmi lesquels furent plusieurs princes des deux familles rivales.

---

*Irruption de Jacques IV, roi d'Ecosse,
en Angleterre. Il est défait et tué à
Flodden.*

En 1513, le roi d'Angleterre, Henri VIII,
ayant déclaré la guerre à la France, était occupé au siége de Térouane, lorsque, pour
faire une diversion, Jacques IV, roi d'Ecosse,
entra dans le Northumberland, à la tête d'une
nombreuse armée. Le comte de Surrey, à
qui Henri avait confié la défense de son
royaume, rassembla des troupes, et se vit
bientôt à la tête de vingt-six mille hommes.
La force de l'armée Ecossaise est diversement
appréciée ; mais il demeure constant qu'elle
eût été plus nombreuse de quelques milliers
d'hommes que celle des Anglais, si elle n'eût
été subitement affaiblie par la désertion.
Beaucoup de soldats s'en retournèrent pour
mettre leur butin en sûreté, tandis que
Jacques était posté dans un lieu appelé Flod-
den-Hill (la montagne de Flodden) ; des
chefs mêmes imitèrent cette lâcheté.

Cependant Jacques avait une position très-
avantageuse. Le comte de Surrey l'envoya

défier dans des termes propres à l'irriter, et
Jacques déclara qu'il acceptait la bataille.
Ses chefs les plus expérimentés, et surtout le
comte de Huntley, lui représentèrent qu'on
était au mois de septembre, que les mauvais
chemins, le débordement des rivières et les
pluies continuelles ne permettraient pas aux
Anglais d'établir des magasins, tandis que
l'armée écossaise avait des provisions en
abondance. On concluait donc qu'en attendant quelques jours, on forcerait, sans
combat, l'ennemi à la retraite. Un point
d'honneur mal entendu fit rejeter à Jacques
ces conseils salutaires. Il descendit dans la
plaine, et trouva les Anglais si près de lui,
que son artillerie, placée sur le penchant de
la colline, ne put lui servir, tandis que
celle des Anglais lui fit éprouver d'assez
grandes pertes pendant sa marche. Jacques
donna différens chefs à ses trois corps d'armée; de sorte qu'il ne fut que simple volontaire. Le brave Huntley, commandant l'a-
vant-garde, mit d'abord en désordre une
division ennemie; mais elle fut secourue,
et le combat se maintint quelque temps avec
un acharnement extrême. Enfin Jacques et
une troupe écossaise que l'artillerie anglaise
maltraitait beaucoup, s'élancèrent sur le

corps même que commandait lord Surrey. Leur impétuosité fut cause qu'un autre corps anglais leur coupa la retraite , tandis que leur réserve était battue.

Dans l'armée écossaise, le comte de Hume commandait une division. Envoyé peu de temps auparavant en Angleterre avec six mille hommes, il avait été battu , et sa défaite n'avait pas peu contribué à précipiter l'invasion de Jacques. Depuis ce temps, il ne montrait aucun zèle ; et dans ce moment décisif, il resta dans une inaction totale, au lieu de venir au secours de son roi. Jacques, abandonné, refusa de fuir , lorsqu'il le pouvait encore. Il descendit de cheval , et résolut , ainsi que ses compagnons , de faire acheter chèrement la victoire aux ennemis. Le désespoir accrut tellement leurs forces , que les Anglais cessèrent bientôt de les combattre à l'arme blanche ; mais ils se servirent de flèches et de leur artillerie. Les plus braves guerriers de Jacques furent ainsi tués de loin et sans pouvoir se défendre ; mais bientôt la nuit permit à ce qui restait de cette vaillante troupe de se retirer. Ce fut le lendemain seulement que les Anglais furent assurés de leur triomphe. Ils virent que les ennemis leur avaient cédé le champ de bataille , abandonnant jusqu'à leur artillerie. Dix mille Ecossais périrent dans cette bataille, si imprudemment engagée et conduite ; mais leur valeur fut telle, que cinq mille Anglais perdirent la vie.

Parmi les morts, on crut reconnaître l'infortuné Jacques, et l'on envoya son corps à Londres ; mais les historiens écossais ne conviennent pas que ce fût véritablement lui. Selon eux, les Anglais n'auraient trouvé que le corps d'un jeune gentilhomme appelé Elphinstone. Par dévouement pour un monarque dont les belles qualités étaient l'objet de leur affection, plusieurs braves Ecossais (et celui-ci était du nombre) avaient pris des vêtemens et une armure semblables à ceux de Jacques, afin de détourner sur eux une partie de ses dangers. Ces mêmes auteurs assurent qu'après la bataille, Jacques reparut de l'autre côté de la rivière de Tweed ; mais que le comte de Hume le fit périr. Quoi qu'il en soit, les sujets de ce prince pleurèrent amèrement sa défaite et sa mort (1).

____

(1) M. Walter Scott, un des poëtes qui, de nos jours, font le plus d'honneur à l'Angleterre, a pris *la bataille de Flodden* pour sujet d'un de ses poëmes. Cet ouvrage, qui parut il y a quelques

Entrevue de Henri VIII et de François Ier.

CETTE réunion momentanée de deux souverains qui , avec Charles-Quint, attiraient l'attention de toute l'Europe, eut lieu en 1520. Henri passa de Douvres à Calais avec la reine Catherine d'Arragon , sa première femme , et une cour brillante. Le 4 juin il se rendit au lieu de l'entrevue, choisi proche du château de Guines. Il logea , ainsi que toute sa suite, dans une maison de bois partagée en quatre appartemens, où le jour pénétrait de tous côtés. De la chapelle une galerie secrète communiquait au château , qui était très-fort.

François Ier. se logea près d'Ardres , d'abord sous une tente magnifique ; mais un ouragan l'ayant renversée , il fallut construire en hâte une maison de bois. Le 7 juin

annees, eut beaucoup de succès dans les trois royaumes ; mais les critiques écossais ne purent s'empêcher de reprocher un peu à M. Walter Scott , leur compatriote, le choix d'un sujet qui renouvelait les douleurs de la patrie.

Ils se réunissent et s'embrassent au lieu dit
le Champ du Drap d'Or.

les deux rois se rendirent à cheval dans la vallée d'Ardres, où se fit leur première entrevue. Ils se donnèrent dès lors de grandes preuves d'affection. Le 11 commencèrent les tournois ; François, un des plus forts et des plus adroits chevaliers qui fussent, eut la délicatesse de laisser à Henri le principal honneur dans ces jeux guerriers, et fut imité par la noblesse française. Les bals, les mascarades, les présens réciproques marquèrent toutes les journées. Chaque monarque cherchait à surpasser l'autre en magnificence, et il en était de même des seigneurs de France et d'Angleterre ; de sorte que ce lieu, où tant de richesses étaient réunies, fut appelé le *camp du Drap-d'Or.*

Une seule chose d'abord parut s'opposer à la satisfaction générale ; ce fut une étiquette dont le soupçon était la cause non moins évidente que honteuse. On comptait avec la plus grande exactitude le nombre des gardes de chaque roi ; ils entraient à la même minute, l'un dans Ardres, l'autre dans Guines, lorsqu'ils allaient visiter les reines. Le loyal François Ier. ne permit pas que cette contrainte durât long-temps. Dès le troisième jour il prend avec lui deux gentilshommes et un page, et se rend à Guines, surprenant ainsi beaucoup le gouverneur, qui était sur le pont avec deux cents archers de garde. « Rendez-vous à moi, leur crie-t-il, » vous êtes mes prisonniers ; conduisez-moi » vers mon frère le roi d'Angleterre. »

Henri appréciant cette noble confiance, lui dit : « Mon frère, vous me faites là le meil- » leur tour que l'on puisse faire. Vous me » montrez combien je dois me fier à vous. » Je me rends votre prisonnier pour toute » la journée. » Alors il détacha de son cou un collier très-précieux, et le pria de le por- ter ce jour-là pour l'amour de lui. François l'accepta, mais à condition que Henri rece- vrait un bracelet qu'il lui donna aussitôt, et qui valait au moins le double du collier. Quand ils eurent passé ensemble quelques heures, le roi de France revint à Ardres. Le lendemain Henri vint le voir, également sans escorte et sans gardes ; et depuis ce temps ils bannirent toute contrainte et toute défiance.

L'entrevue cessa le 24 juin, et Henri re- vint à Calais. On en attendait beaucoup, parce que les deux rois venaient de se faire la guerre, et qu'il importait à François Ier. que le roi d'Angleterre s'alliât avec lui contre son dangereux ennemi Charles-Quint ; mais

Henri, qui venait de recevoir une visite de cet empereur, déclara qu'il garderait la neutralité. Il s'appliqua, en effet, tonjours à se faire rechercher par les deux antagonistes, et n'embrassa jamais que pour un temps le parti de l'un ou de l'autre, selon ses intérêts.

Des six épouses de Henri VIII, et de leur destinée.

Il peut être curieux de suivre dans son intérieur ce roi qui joua un rôle si important sur la scène du monde ; qui écrivit contre Luther en faveur de la religion catholique, et qui ensuite sépara violemment son royaume de la communion du pape. On verra que Henri, homme impérieux et souvent cruel dans le gouvernement de ses peuples , ne le fut pas moins dans sa vie privée ; ou plutôt qu'il se montra fort indifférent aux scandales qui résultèrent de la manière dont il agit dans l'intérieur de sa famille.

Sa première épouse fut Catherine d'Arragon , princesse pieuse , et qui l'aima véritablement , malgré les mauvais traitemens dont il l'accabla. Elle avait d'abord épousé Arthur, prince de Galles , frère aîné de Henri ; à la mort de ce premier époux Henri promit de l'épouser , revint contre sa promesse , et enfin l'exécuta en 1509.

Dix-huit ans plus tard , en 1527, Henri s'avisa pour la première fois d'avoir des scrupules, et de demander son divorce au pape Clément VII, parce que, disait-il, il ne lui avait pas été permis d'épouser la femme de son frère. La véritable cause de ces scrupules si tardifs était l'amour qu'il avait conçu pour Anne Boulen (ou Boleyn), demoiselle d'honneur de la reine. Le pape ne voulut pas consentir à une demande si étrange, et telle fut la principale cause qui changea la religion de l'Angleterre. Le roi ayant éloigné Catherine de la cour, épousa sa maîtresse en 1532. Ensuite Cranmer, archevêque de Cantorbery, prononça la nullité du premier mariage et la confirmation du second. Quatre ans plus tard Catherine mourut sans se plaindre du roi, lui recommandant la fille qu'elle lui avait donnée, et qui fut depuis la reine Marie.

Cette même année Henri conçut de violens soupçons contre la vertu de sa seconde épouse. Il la fit enfermer à la tour, et l'accusa non seulement d'adultère avec quatre hommes, dont l'un était un simple musicien ; mais encore d'inceste avec son propre frère lord Rocheford. Ce qui explique cet étonnant procès, c'est qu'alors Henri avait conçu pour Jeanne Seymour une passion violente. Vainement Anne protesta de son innocence ; elle fut condamnée à perdre la tête. Elle mourut avec courage et résignation. Ses co - accusés périrent aussi. Anne avait eu pour fille Elisabeth , qui monta sur le trône après sa sœur Marie.

Dès le lendemain de cette mort cruelle Henri épousa Jeanne Seymour. On ignore quel eût été son sort si elle eût été long-temps unie au sanguinaire monarque ; mais on peut dire qu'elle lui échappa par une mort prompte. L'année suivante, la naissance d'un fils appelé Edouard , lui coûta la vie. Henri voulut par son testament que ce prince lui succédât préférablement aux deux princesses ses aînées ; et , tout-puissant même après sa mort, il fut obéi.

La quatrième femme de Henri fut Anne , sœur du duc de Clèves et de la duchesse de Saxe. Son ministre Cromwell négocia ce mariage, qui ne fut pas plus heureux que les précédens. En 1539 la princesse vint en Angleterre, Henri ne la connaissant que par un portrait qu'en avait fait Holben. Quoique peu délicat dans ses affections, il avait toujours été sensible à la beauté, et s'était plusieurs fois plaint de ne pas la trouver chez sa première épouse. Il se rendit à Rochester incognito pour voir la princesse nouvellement arrivée. Il devint furieux en remarquant qu'elle ne ressemblait point à son portrait, et dit grossièrement qu'on lui avait amené une jument de Flandres. Des raisons politiques firent toutefois qu'il ne la renvoya pas ; mais dès l'année suivante il fit casser son mariage. L'un des motifs qu'il allégua fut qu'il n'y avait point donné son consentement *pur, intérieur* et *complet.* Les autres étaient de la même force; mais Henri, entouré de la cour la plus servile, et ayant réduit son parlement à la même obéissance, obtint ce qu'il désirait. Anne eut le bon esprit de n'être nullement mécontente ; on lui permit de rester en Angleterre si elle le désirait : elle prit ce parti, et vécut tranquille, tandis que celle à qui Henri l'avait sacrifiée allait bientôt renouveler la catastrophe d'Anne de Boulen.

C'était Catherine Howard, nièce du duc de Norfolk. Divorcé le 9 juillet 1540, d'avec Anne de Clèves, Henri déclara le 8 août de la même année, qu'il avait épousé secrètement sa nouvelle et cinquième épouse. Il se félicita de son bonheur ; mais ce ne fut pas pendant long-temps. Il apprit que Catherine Howard, qui avait vécu dans le désordre avant son mariage, menait également

depuis ce temps la même conduite. Mise en
ugement , elle avoua que la première accusation était fondée , mais protesta qu'elle
avait eu la conduite la plus régulière depuis
qu'elle était unie au roi. Elle n'en fut pas
moins condamnée avec son père et sa mère ,
quatre dames de la cour , cinq autres femmes et quatre hommes qui, ayant connu
secrètement la mauvaise conduite de la reine,
n'en avaient pas averti le roi. Les murmures
du peuple contre l'acte du parlement portèrent Henri à ne pas priver de la vie tant
d'innocens. Il se contenta de faire décapiter
avec Catherine ladi Rocheford , complice de
ses débauches , et accusatrice d'Anne de
Boulen , sa belle - sœur ; mais il retint en
prison pendant long-temps plusieurs autres
condamnés. Catherine Howard périt en 1542.

La sixième et dernière femme de Henri
fut Catherine Parr, veuve de lord Latimer.
Les historiens ont vanté sa prudence, et nous
allons voir que ce n'était pas à tort : il fallait
qu'elle y comptât beaucoup pour oser s'unir
à un tel époux. Le mariage eut lieu en 1543.
Malgré l'attention qu'elle avait de ne contrarier son époux en rien , Catherine manqua, en 1546 , de périr aussi sur un échafaud. Ce n'est pas que le roi soupçonnât sa

vertu ; mais elle disputa un jour avec lui sur des matières de religion , et blessa sa vanité en le réduisant à ne savoir que lui répondre. Il avait consenti à ce qu'elle fût mise en jugement comme *hérétique*, et en avait même signé l'ordre ; lorsque , par bonheur, le papier fatal échappé de la poche du chancelier, un des ennemis de la reine , fut remis à cette princesse par un serviteur fidèle. Elle devait être arrêtée le lendemain. Elle va au roi et lui dit , après avoir fait tomber la conversation sur la religion, qu'elle voulait soumettre son jugement sur cette matière comme sur toutes les autres , à la supériorité de ses lumières. Elle parvint à le convaincre si bien, malgré sa rancune, que quand le chancelier se présenta pour la conduire à la tour, on entendit Henri qui le traitait de fou , de bête et de coquin. Catherine survécut d'un an à Henri, épousa l'amiral d'Angleterre, et mourut en 1548.

Jeanne Gray. Conspiration pour la faire monter sur le trône. Sa mort funeste.

EDOUARD VI, fils de Henri VIII, allait mourir à la fleur de l'âge, soit de maladie, soit, comme on le soupçonna peut-être avec beaucoup de raison, par le crime du duc de Northumberland, lorsque ce duc se hâta de faire épouser à lord Guildfort, le quatrième de ses fils, lady Jeanne Gray, fille du duc de Suffolk, et désignée, dans le testament de Henri VIII, pour régner à défaut de ses filles.

Northumberland fit plus; il obtint d'Edouard, qui aimait dans Jeanne Gray la réunion des plus aimables qualités, qu'il nommât cette princesse son héritière, à l'exclusion de ses propres sœurs.

Edouard mourut le 6 juillet 1553, âgé seulement de dix-sept ans, et le duc fit proclamer sa bru à Londres. Marie, fille de Henri VIII et de Catherine d'Arragon, et légitime héritière du trône, se retira au château de Fremlingam, dans le Suffolkshire. Mais bientôt le duc de Northumberland se rendit odieux au peuple et aux grands par son arrogance et sa cruauté.

Plusieurs des lords les plus distingués se rendirent près de Marie, qui fut proclamée à Norwich. On arma de part et d'autre. Northumberland joignit son armée; et, en son absence, le reste du conseil se déclara pour Marie, qui fut reconnue pour reine par le peuple de Londres lui-même. Elle eut bientôt quarante mille hommes sous ses ordres, et de toutes parts on accourait lui faire des dons volontaires. Jeanne Gray se dépouilla des marques de la dignité royale, dont son ambitieux beau-père l'avait décorée presque sans la consulter, et parut vraiment satisfaite lorsqu'elle se retira près de sa mère. Marie fit à Londres une entrée solennelle, ayant près d'elle sa sœur Elisabeth, fille d'Anne de Boulen, et qui avait levé pour elle un corps de mille cavaliers.

Le duc fut mis en jugement, et comparut devant ceux qui, naguères, étaient ses collègues, ou plutôt ses subordonnés. La hauteur de ses réponses et ses récriminations furent loin de rendre sa cause favorable. Il termina par se reconnaître coupable, et implorer la clémence de la reine. Plusieurs autres seigneurs furent aussi condamnés;

4

quelques-uns obtinrent leur grâce ; mais Northumberland périt sur l'échafaud.

Marie avait gardé le silence à l'égard de Jeanne Gray, et ce silence lui assurait la vie ; mais la reine ayant commencé à persécuter les protestans, on passa des murmures à la révolte ; et l'infortunée Jeanne Gray fut la personne que l'on voulut opposer de nouveau à la reine. Sir Carrew et sir Wyat levèrent l'étendard de la révolte. La reine, effrayée, leur offrit un pardon qu'ils refusèrent. Wyat, avec quatre mille hommes, marcha vers Londres, fit des demandes extravagantes ; et ayant augmenté ses troupes jusqu'à six mille hommes, se laissa enfermer dans la ville. Il se rendit bientôt à sir Maurice Berkeley.

Une lettre de Wyat, qui fut interceptée, fit connaître à Marie la part que le duc de Suffolk, père de Jeanne Gray, avait dans cette conspiration. Il était alors dans le Warwickshire, et se cacha ; mais, trahi par un domestique, il fut conduit à la tour de Londres. Par ordre de Marie, le docteur Seckham alla trouver Jeanne Gray pour lui dire, de la part de la reine, qu'elle se préparât à la mort, ainsi que son mari. Invitée à embrasser la religion catholique, elle déclara qu'elle n'avait pas le temps d'entamer des disputes de controverse ; et , préparée sans doute au sort qu'on venait de lui annoncer , elle reçut avec une sorte de joie le message de Marie. Elle fit paraître de grandes connaissances dans les entretiens qu'elle eut avec le docteur sur quelques points de doctrine , et parut fâchée qu'on eût différé son supplice de trois jours. Dans la crainte que son courage et celui de son époux ne fussent ébranlés , elle ne voulut pas le voir, quoiqu'il en eût demandé et obtenu la permission ; mais elle le vit passer d'une fenêtre , lorsqu'il marchait au supplice , et contempla même son corps décapité , lorsqu'on le remporta. Deux heures plus tard , elle fut conduite elle-même à l'échafaud qu'on lui avait dressé dans l'intérieur de la tour , par la crainte que le peuple ne fît quelque mouvement en sa faveur. Le lieutenant de cette forteresse lui ayant témoigné le désir de conserver quelque objet qui lui eût appartenu , elle lui remit ses tablettes, après y avoir écrit quelques mots en grec et en latin , pour déclarer qu'elle était innocente. Tenant Seckham par la main , et saluant d'un air affable , elle s'avança vers le lieu de son supplice. Alors embrassant le docteur, elle le remercia de son humanité, et l'assura qu'elle y était plus sensible qu'à toutes les terreurs de la mort. Se tournant alors vers les spectateurs, elle avoua que son innocence ne pouvait l'excuser dans une circonstance où il s'agissait de la tranquillité publique. On assure même qu'elle se reprocha de n'avoir pas persisté avec fermeté dans le refus qu'elle avait d'abord fait de la couronne. Quand elle eut resté quelque temps en prières, ses femmes lui ôtèrent sa robe et ses bijoux, puis elles lui bandèrent les yeux. Alors elle posa sa tête sur le fatal billot, et encouragea elle-même l'exécuteur, qui hésitait à remplir ses funèbres fonctions. Enfin elle fut décapitée. Wyat et cinquante autres rebelles furent pendus dans différens endroits de la ville.

Les plus zélés partisans de Marie donnèrent des regrets à la mort de Jeanne Gray ; et ceux qui eurent assez de fermeté pour assister à ses derniers momens, versèrent des larmes sur son sort. Les historiens s'accordent en effet pour reconnaître qu'elle avait tout ce qui peut plaire et toucher : jeunesse, extrême beauté, esprit, savoir, et noblesse de l'âme. Cependant les choses ne doivent point changer de nom selon les personnes. Ainsi, en plaignant son sort douloureux, on doit avouer qu'il était mérité. On vient de voir qu'elle l'avait elle-même à peu près reconnu. Du reste, la juste haine que les hommes de bien portent à la mémoire de la sombre et cruelle Marie, n'a pas peu contribué à exciter pour Jeanne Gray le plus tendre intérêt. Toutefois on ne peut rigoureusement blâmer Marie d'avoir sacrifié à sa sûreté, à celle de l'état une rivale qui lui avait disputé, enlevé même quelque temps la couronne. Quelque ascendant qu'eût Northumberland sur sa bru, jamais il n'eût pu la faire nommer reine, si elle s'y fût positivement refusée. Mais elle aimait son jeune époux autant qu'elle en était aimée. Elle sourit à la pensée de lui faire partager l'autorité suprême; et ce sentiment les perdit tous deux. (1)

Ce qui reste à dire sur ce triste événement, c'est que, digne époux de Jeanne Gray, Guildford ne s'était point abaissé à d'inutiles prières, et était mort avec un grand courage.

____

(1) J'espère qu'on ne trouvera pas déplacée cette petite digression. Si en puisant ainsi dans des sources pures les faits intéressans dont je forme une collection, je n'ai ni ne peux avoir les moindres droits au titre d'historien, il doit m'être permis du moins de faire en sorte que mes jeunes lecteurs considèrent ces faits sous leur véritable aspect.

Principaux traits de la vie de Marie Stuart. Elle est condamnée à mort et décapitée.

Comme Jeanne Gray, Marie Stuart fut belle, spirituelle et malheureuse ; mais sa carrière et ses infortunes se prolongèrent plus long-temps, et sa vie offre plus d'une circonstance où la pitié qu'elle inspirera toujours ne peut la défendre du blâme.

Fille unique de Jacques V, roi d'Ecosse, et reine au berceau, Marie épousa le Dauphin qui fut depuis François II. A la mort prématurée de ce jeune prince, elle repassa en Ecosse, regrettant, dans des vers fort jolis pour le temps et pour une personne de son sexe, de son âge et de son rang, « le tant doux pays de France, sa patrie, la plus chérie.» On eut dit qu'elle pressentait ses malheurs.

L'un des plus grands fut d'avoir dans sa cousine Elisabeth, reine d'Angleterre, une ennemie jalouse de sa beauté, et inquiète de ses prétentions au trône d'Angleterre. Marie épousa, le 29 juillet 1564, le lord Darnley, fils du comte de Lennox, malgré l'opposition d'Elisabeth.

Un Italien nommé David Rizzio, sut captiver la faveur de Marie, par son talent pour la musique, et elle en fit son ministre. Rien n'était plus propre à irriter les seigneurs Ecossais, dont plusieurs, épris de la beauté de la reine, et connaissant le caractère inconstant de son époux, avaient osé élever leurs prétentions illicites jusqu'à elle. Ils déterminèrent Darnley à les laisser frapper Rizzio. Il soupait chez la reine avec plusieurs seigneurs et dames de la cour, lorsque le soir du 9 mars 1565, le roi entra suivi de Patrice Ruthven. Ce dernier ordonna à Rizzio de le suivre de la part du roi. Sur son refus il le poursuivit derrière le fauteuil de la reine. Georges Douglas et une troupe de gens armés de poignards entrèrent aussitôt et frappèrent Rizzio à l'épaule. Marie voulut défendre l'Italien; mais le roi la retint, et on entraîna Rizzio, qui fut massacré dans la chambre voisine. Ruthven ensuite rentra, et adressa à la reine des reproches humilians et trop fondés; car on ne peut trahir la vérité et nier l'évidence : en défendant Rizzio, c'était un amant que cette princesse défendait. Elle était alors âgée de 23 ans, et enceinte de six mois. On remarqua que son fils, qui fut Jacques VI d'Ecosse, et ensuite roi d'Angleterre sous le nom de Jacques Ier, ressentit toute sa vie un de ces effets inexplicables de l'imagination des mères sur les enfans qu'elles portent dans leur sein. La frayeur qu'éprouva Marie, lors du meurtre de Rizzio, se transmit à lui, et, quoiqu'il ne fût nullement lâche, l'aspect d'une épée nue le faisait toujours frissonner.

Un événement bien plus affreux eut lieu en 1567. La mésintelligence de Marie et de son époux était au plus haut degré, lorsque celui-ci tomba malade. On le conduisit au midi d'Edimbourg, dans un lieu appelé Kirkfield : Marie venait de le quitter, après lui avoir donné des marques d'un retour d'affection. Dans la nuit, la maison, qui était minée, sauta par l'effet de la poudre, et on trouva le cadavre de Darnley sous un arbre assez loin de là. Le comte de Bothwell, homme sans mœurs, jouissait alors près de Marie d'une faveur très-suspecte aux grands et au peuple. On l'accusa hautement de l'assassinat du roi. Il offrit de se battre en champ clos, pour prouver son innocence; et on lui répondit dans des placards anonymes que son défi serait accepté s'il consentait à combattre dans un pays où son pouvoir ne lui donnerait aucun avantage.

Bothwell, formellement accusé, fut déclaré innocent. Il enleva Marie et la conduisit au château de Dunbar. Comme il était marié, sa femme et lui demandèrent le divorce, lui sous prétexte de parenté avec elle, elle parce qu'il avait commis un adultère avec une de ses domestiques. Ce délit fut prouvé : Bothwell devint libre ; et le 15 mai 1567, peu de mois après la mort tragique de son époux, Marie, par une conduite qu'on ne peut qualifier, scandalisa tout son peuple en épousant son ravisseur, soupçonné avec tant de fondement d'avoir fait périr Darnley.

Après une longue suite d'aventures presque toutes malheureuses, et qui ne pourraient trouver place que dans une *Vie* complète de Marie Stuart, cette princesse, forcée de résigner sa couronne à son fils, devint la prisonnière d'Elisabeth, qui n'avait aucun droit sur elle, et qui la fit traiter avec une extrême dureté.

Marie Stuart était gardée à vue depuis plusieurs années dans les états de sa parente, lorsqu'elle fut accusée d'une conspiration contre Elisabeth. Y avait-elle en effet pris part dans l'espoir de recouvrer sa liberté ? C'est sur quoi les historiens, dont il est impossible de rapporter les opinions, n'ont jamais été d'accord. Ce qu'il y a de certain c'est que ceux que l'on désignait comme ses complices avaient été exécutés lorsque l'on produisit contre elle des lettres ou même des copies de lettres qu'on l'accusait de leur avoir écrites. Elle fut conduite au château de Fotheringay, dans le comté de Northampton, et très-sévèrement gardée.

Le conseil d'Elisabeth fut partagé ; les uns disaient qu'infirme par suite de ses longues souffrances, Marie ne tarderait pas à périr si on la retenait dans une étroite prison. D'autres voulaient qu'elle fût jugée et condamnée; enfin le comte de Leicester, favori d'Elisabeth, demandait qu'on l'empoisonnât. On voit qu'ils ne différaient que dans la manière dont on terminerait ses jours. On résolut même de la tuer s'il survenait, soit dans sa prison, soit aux environs, quelque tumulte ; et sir Paulet, un de ses juges, n'eut pas honte d'accepter cet odieux emploi.

Une lettre d'Elisabeth lui enjoignit de se laisser juger par trente-six commissaires que l'inflexible équité de l'histoire a flétris en conservant leurs noms. Vainement elle invoqua son innocence, sa prérogative royale et sa qualité d'étrangère en Angleterre. Ses deux secrétaires, Nau et Curl, séduits, effrayés, ou, comme elle le conjectura, cédant aux tortures, déposèrent contre elle par serment. Ils ne lui furent pas même confrontés ; et la commission prononça un jugement de mort que le parlement d'Angleterre approuva, et dont il demanda l'exécution dans une adresse à Elisabeth. La reine affecta une extrême répugnance à prendre ce parti ; mais elle annonça en même temps qu'il y avait une conspiration pour la tuer avant un mois. Après que cette horrible comédie eut été jouée quelque temps de part et d'autre, on publia, le 6 décembre 1586, le jugement de Marie Stuart dans toute l'Angleterre. Les lords Buckharst et Beale le lui notifièrent. Elle rendit grâce au ciel d'un air satisfait, de ce qu'enfin son pénible pèlerinage sur la terre venait d'être terminé. On lui ôta toutes les marques de la royauté. Elle s'en plaignit, mais inutilement, et demanda que l'on transportât son corps en France. Elle désira aussi que ses domestiques pussent retourner dans leur pays après avoir reçu les legs qu'elle leur faisait ; legs modiques, mais que sa situation ne lui permit pas de rendre plus considérables.

Henri III, roi de France, envoya son ministre Bellièvre vers Elisabeth. Ce seigneur

prit, avec une chaleur extrême, la défense
de l'infortunée Marie ; mais on assure qu'en
secret il pressa la reine de hâter son exécution. Le soupçon d'une telle perfidie a lui-
même quelque chose d'atroce ; mais ceux
qui la donnent comme un fait certain font
observer que Marie était, par sa mère, très-
proche parente du duc de Guise, mortel
ennemi de Henri III.

Jacques VI écrivit à Elisabeth que si elle
n'épargnait pas les jours de sa mère, il se
croirait autorisé, par toutes les lois divines
et humaines, à venger sa mort. Elisabeth
parut indignée, accorda d'abord un délai,
puis déclara qu'elle ne différerait pas même
le supplice d'une heure. Il s'était trouvé à sa
cour des hommes assez vils pour la supplier,
en se jetant à ses pieds, de pourvoir, par le
supplice de Marie, à la sûreté de la religion et
de l'Etat. Enfin, après qu'on eût occupé le
peuple de prétendus complots tramés pour
délivrer la reine d'Ecosse, Elisabeth résolut
de terminer ces scènes d'hypocrisie, et signa
la mort de sa parente. Elle ordonna de plus
aux comtes de Shrewsbury, de Derby, de Kent
et de Cumberland, d'assister à l'exécution.

Marie entendit sans la moindre émotion
la lecture de l'acte par lequel la reine con-

sentait à son supplice. Elle marqua seulement sa surprise, protesta, la main sur un livre d'évangiles, de son innocence absolue, fit quelques observations sur l'illégalité du procès, et demanda son confesseur, ce qui lui fut refusé.

Après le départ des envoyés d'Elisabeth elle se mit à table, mangea très-peu, et consola ses gens qui fondaient en larmes, en remarquant, avec trop de raison, qu'ils devaient plutôt se réjouir de la voir échapper aux misères de ce monde.

Elle relut ensuite son testament, et partagea ses effets, ainsi que son argent, à ses domestiques, qu'elle recommanda très - instamment par lettres au roi de France et au duc de Guise. Couchée à son heure ordinaire, elle dormit paisiblement et pendant toute la nuit.

Le lendemain, 8 février 1587, fut le jour de sa mort. Elle se mit en prières, puis se fit habiller avec goût et décence. Elle voulut relire son testament, et pria ses domestiques d'accepter ses legs, pour l'amour d'elle, quoiqu'ils ne fussent pas aussi considérables qu'elle l'eût désiré. Le grand-shériff, Thomas Andrews, venu pour la conduire à l'échafaud, la trouva en prières. Elle se leva d'un air majestueux, la tête couverte d'un long voile, et tenant à la main un crucifix d'ivoire. Le grand-maître de sa maison, sir André Melvil, se jeta à ses pieds en pleurant, et se désola d'être obligé de porter en Ecosse la nouvelle de sa mort funeste. Elle le consola comme les autres par la considération des maux auxquels elle allait enfin échapper. Elle voulut qu'il racontât qu'elle mourait fidèle à sa religion et à son affection pour l'Ecosse et la France. « Je prie Dieu, ajouta-t-elle, de » pardonner *à ceux qui ont été aussi altérés* » *de mon sang que le cerf l'est des eaux du* » *ruisseau.* » Elle invoqua Dieu, le prit à témoin de ses vœux ardens pour l'union de l'Ecosse et de l'Angleterre. Elle finit par dire à Melvil de recommander sa mémoire à son fils, et de lui être toujours fidèle.

Les quatre seigneurs vinrent alors remplir leur noble ministère; et ne se décidèrent qu'après de grandes difficultés, à laisser près d'elle Melvil, son médecin, son chirurgien, son apothicaire, et deux de ses femmes. Ils la précédaient ainsi que le shériff, et Melvil portait sa robe. Elle trouva sur l'échafaud, élevé d'environ deux pieds, un fauteuil, un coussin et un billot, le tout couvert de drap noir. Elle s'assit ; Beale fit la lecture du consentement d'Elisabeth.

Alors commença un nouveau genre de persécution. Fletcher, doyen de Peterbourough, encouragé par les lords, lui adressa des exhortations qu'il continua long-temps, quoiqu'elle lui déclarât qu'elles étaient inutiles, puisqu'elle voulait mourir catholique. Le comte de Kent, le plus cruel de ses ennemis après Elisabeth, eut la bassesse de lui reprocher, comme une superstition, le soin qu'elle avait de contempler le crucifix qu'elle tenait. Elle lui fit une réponse pleine de douceur. Enfin on lui permit de prier, sans être accompagnée de Fletcher. Elle pria en anglais, et avec ferveur, pour l'église, pour son fils, *et pour la reine Elisabeth !* Ensuite elle repoussa les exécuteurs qui voulaient la déshabiller, en disant qu'elle n'avait coutume ni de se déshabiller en si nombreuse compagnie, ni de se servir de tels valets-de-chambre. Ses deux femmes lui rendirent ce service en poussant des sanglots et des cris. Elle les embrassa tendrement, les pria de se calmer, et leur rappela, en français, qu'elle les avait choisies parce qu'elle comptait sur leur discrétion et leur fermeté.

Elle dit ensuite adieu, avec le sourire le plus gracieux, au reste de ses domestiques plongés dans la plus profonde douleur, sans excepter le moindre d'entre eux. Les bourreaux lui demandèrent pardon en s'agenouillant près d'elle : « Puisse Dieu, répon» dit-elle, me pardonner mes fautes comme » je vous pardonne ! » Elle s'agenouilla, mit sa tête sur le bloc, pria encore, et enfin cette tête se sépara de son corps, mais non sans qu'elle eût beaucoup souffert, tant les exécuteurs étaient troublés. L'un d'eux éleva cette tête en l'air, et Fletcher, ce ministre de la religion, s'écria : « Puissent périr ainsi » tous les ennemis de la reine Elisabeth ! » A ce cri forcené, l'atroce duc de Kent répondit *amen !* mais il fut le seul : les autres spectateurs poussaient des soupirs et versaient des larmes. Marie Stuart avait alors quarante-cinq ans.

Ses femmes ne purent obtenir, même en offrant trois fois la valeur de ses vêtemens, qu'on leur permît de lui rendre les derniers devoirs. Brutalement repoussées, elles eurent la douleur de laisser son corps aux bourreaux, qui le dépouillèrent avec indécence, et le traînèrent vers une chambre, où on l'enveloppa dans un tapis brun qui couvrait

un vieux billard. Ce corps fut ensuite embaumé et inhumé, avec une grande pompe,
dans la cathédrale de Peterborough. Son
fils, devenu roi d'Angleterre, le fit transporter depuis à Westminster, dans la chapelle de Henri VII.

Ainsi périt, après une captivité de dix-
neuf ans, Marie Stuart, généralement regar-
dée comme la plus belle des femmes de son
temps. Elle en fut sans doute aussi la plus
malheureuse, et ne mérita pas ses plus grands
malheurs. D'ailleurs, que d'inconséquences,
que de fautes même une adversité si prolon-
gée, et surtout tant de courage à l'heure de
la mort, ne peuvent-ils pas expier!

Elisabeth acheva de mériter l'exécration
de son siècle et de la postérité, en affectant,
lorsqu'elle apprit cette mort qu'elle avait
désirée, ordonnée, l'étonnement et une
douleur qui allait jusqu'à l'extravagance.
Elle envoya Robert Cary, l'un de ses parens,
vers Jacques VI, qui d'abord ne voulut
point le recevoir. Ce prince ne songeait qu'à
venger sa mère ; mais Elisabeth parvint,
avec le temps, à le dissuader d'attaquer une
nation plus puissante que la sienne, sur
laquelle il avait l'espoir le mieux fondé de
régner un jour.

Quatre années plus tard (en 1611), Elisabeth donna un autre spectacle sanglant à l'Europe, en faisant tomber sur un échafaud la tête du comte d'Essex, son amant. Les liaisons qui avaient existé entre eux paraissaient devoir le préserver d'une fin si funeste; mais du moins cet homme vain et ambitieux avait en quelque sorte mérité son sort, ayant conspiré contre sa souveraine, au milieu même de Londres, et sans qu'il y eût le moindre doute sur sa trahison; au lieu qu'il est impossible de ne pas reconnaître l'innocence de Marie Stuart, malgré le témoignage de plusieurs écrivains anglais et protestans, qui auraient bien désiré justifier une reine dont le gouvernement fut et est encore cher à l'Angleterre. Sans doute Elisabeth eut plusieurs des qualités qui font les grands monarques; et la richesse, la gloire de son pays, s'accrurent sous son règne; mais la longue captivité et la mort d'une reine sa parente, glaceront toujours la voix de ses panégyristes, et imprimeront à sa mémoire une tache ineffaçable.

Philippe II envoie contre l'Angleterre une flotte formidable. — Résultat de cette expédition.

En 1588, Philippe II, en guerre avec Elisabeth, reine d'Angleterre, avait éprouvé divers échecs dans ses possessions des Indes orientales et occidentales. Il avait également appris avec douleur que des secours efficaces avaient été donnés par son ennemie aux peuples des Pays-Bas, qu'il traitait de rebelles. Il ne résolut pas moins, pour se venger, que de faire la conquête de l'Angleterre. Se considérant comme le plus proche héritier catholique de la couronne, parce qu'il comptait parmi ses ancêtres les filles de Jean de Gand, duc de Lancastre, il avait dessein de faire débarquer une armée à l'embouchure de la Tamise, et à peu de distance de Londres.

Muni d'une bannière qu'il obtint du pape, avec des bulles qui excommuniaient Elisabeth comme hérétique, il mit en mer, des ports d'Espagne, cent trente vaisseaux, portant près de vingt mille hommes de débarquement, et plus de dix mille matelots ou

H

forçats, avec deux mille trois cent soixante pièces de canon. Le duc de Parme, son général dans les Pays-Bas, reçut de plus l'ordre de tenir prête une armée de vingt-cinq mille hommes, qui se joindrait à la flotte espagnole, sur des vaisseaux de transport, dès que cette flotte paraîtrait sur la côte de Flandres. Il s'empressa de se conformer aux intentions d'un maître auquel on n'eût pas impunément désobéi.

Cet armement portait le titre d'*invincible armada*. Sans s'effrayer de tant de préparatifs, ni de ce trait de jactance du prince espagnol, Elisabeth équipa une flotte dont elle donna le commandement à lord Howard. Le célèbre sir François Drake était son vice-amiral. Lord Seymour fut en outre envoyé avec quarante vaisseaux anglais et flamands, pour s'opposer au départ du duc de Parme. On fortifia les places par où l'ennemi pouvait débarquer, et deux mille hommes furent cantonnés sur la côte méridionale ; un autre corps occupa Tilbury, près l'embouchure de la Tamise : le comte de Leicester, général en chef, le commandait immédiatement ; et une troisième armée de trente-six mille hommes, sous le lord Hunsdon, fut chargée de garder la reine. La milice du royaume fut armée, organisée; elle eut ordre de ravager le pays devant les ennemis; en un mot, rien ne fut négligé pour préserver l'Angleterre du plus grand danger qu'elle eût à courir depuis l'invasion de Guillaume-le-Conquérant.

Philippe et Elisabeth n'en poursuivirent pas moins des négociations auxquelles ni l'un ni l'autre ne pouvaient ajouter foi. Enfin lorsque la flotte espagnole eut mis en mer, ces démonstrations cessèrent, et les envoyés d'Elisabeth furent renvoyés d'Ostende.

Le commandant de la flotte de Philippe était Alonzo Perès de Gusman, duc de Médina-Sidonia. Il partit de Lisbonne le 29 mai. Il essuya presque en sortant du port une tempête qui semblait lui présager de plus grands désastres; mais ses vaisseaux parvinrent à se réunir à la Corogne et dans les ports voisins. Un brouillard ayant mis en défaut la vigilance de l'amiral Howard, la flotte espagnole fut aperçue non loin des côtes de Cornouailles, le 17 juillet, jour même où il entrait à Plymouth dans l'intention de lui disputer l'entrée du canal. Howard ayant envoyé demander un renfort d'hommes et de vaisseaux, laissa passer ces forte-

resses flottantes de l'ennemi ; puis secondé
par Hawkins, Frobisher et d'autres marins
intrépides, dignes de combattre avec lui et
avec Drake, il attaqua le 21 juillet l'arrière-
garde de la flotte espagnole, commandée
par Jean Martinèz de Récalde. Toutefois
comme il était très-inférieur en hommes, en
canons, en vaisseaux, et qu'il n'eût pu tenter l'abordage sans le danger le plus évident,
il se garda d'engager une action générale.
Cependant il s'empara de deux galions. Le
23 le duc de Médina porta sur l'ennemi ;
mais il n'y eut pas de résultat décisif. Le 25,
un galion portugais fut encore pris. Le 27,
les Espagnols jetèrent l'ancre devant Calais ;
et Howard qui, ayant reçu du secours, avait
alors cent quarante vaisseaux bien montés,
n'hésita plus à l'attaquer. L'amiral espagnol
demanda au duc de Parme de légers vaisseaux
des Pays-Bas pour combattre les frégates anglaises ; mais le duc n'était nullement en état
de le joindre. Il manquait de provisions,
beaucoup de ses matelots avaient déserté,
ses vaisseaux étaient en mauvais état ; enfin
les Hollandais bloquaient son armement
dans Nieuport et Dunkerque. Quand Howard
eut canonné quelque temps la grande flotte
ennemie, il envoya contre elle, à minuit,

huit brulots qui causèrent un grand désordre. Forcés de gagner la haute mer, les vaisseaux espagnols se heurtèrent dans les ténèbres. Une grande galère échoua sur les sables de Calais, et fut prise le lendemain, malgré une vigoureuse résistance. Profitant de la confusion où il avait mis l'ennemi, et du tort qu'avait eu celui-ci de ne pas combattre en pleine mer, Howard l'attaqua de nouveau. Treize des meilleurs vaisseaux espagnols furent coulés à fond ou forcés de s'échouer, et deux furent pris. Poussé vers les côtes de Zélande, le duc de Médina, vu ses pertes et l'impossibilité d'être rejoint par le duc de Parme, prit, après avoir tenu conseil, le parti dangereux de retourner en Espagne par les îles Orcades et Hébrides, c'est-à-dire en faisant le tour des trois royaumes. Howard ne tarda pas à le rejoindre ; mais ses munitions presque totalement épuisées l'obligèrent de renoncer à une victoire à peu près certaine, et de revenir aux Dunes. Les Espagnols n'en furent pas plus heureux. Dès la nuit suivante dix-sept vaisseaux, ayant mille hommes à bord, furent jetés sur les côtes ennemies. Quelques-uns se brisèrent sur des roches et plusieurs furent consumés par le feu.

3

Quoique Jacques, roi d'Ecosse, fût parent et ami d'Elisabeth, il renvoya du consentement de cette princesse au duc de Parme, sept cent malheureux naufragés; mais ceux qui se virent forcés d'aborder en Irlande furent massacrés par les habitans, ou par ordre de sir Fitz-William, lord lieutenant de ce royaume. Enfin de tout ce formidable armement, cinquante vaisseaux seulement purent gagner, dans l'état le plus déplorable, les ports d'Espagne.

Telle fut l'issue de cette vaste entreprise. On frappa des médailles en Angleterre; et après avoir récompensé ses généraux et ses troupes de terre et de mer, Elisabeth fit à Londres une entrée solennelle et triomphale.

Tandis qu'elle remerciait le ciel de ce succès, Philippe lui adressait aussi des actions de grâce de ce que le désastre n'eut pas été plus grand. Le calme avec lequel il apprit une telle perte d'hommes et de vaisseaux, est fameux dans l'histoire. « J'avais, dit-il » froidement, envoyé ma flotte combattre » les hommes et non les élémens. » Les détails que l'on vient de lire prouvent que ces paroles ne sont pas tout à fait exactes, puisque ce furent d'abord les hommes, les marins anglais qui ruinèrent les projets de l'amiral espagnol ; à la vérité les élémens mirent le comble à son désastre ; mais dès l'instant que le duc de Médina prit la fuite devant les ennemis, l'expédition fut tout à fait manquée.

Principaux événemens de la guerre entre Charles Ier. et le parlement.

En sacrifiant à la fureur de ses ennemis son ministre le généreux Straffort, Charles Ier. n'avait fait que les enhardir ; et après dix-sept années de règne il se vit forcé, l'an 1642, d'armer pour sa propre défense. La défection de la flotte fut le premier échec qu'il éprouva. Il leva ensuite à Nottingham l'étendard royal, après avoir déclaré les deux chambres coupables de trahison ; mais il ne put rassembler autour de lui que quelques milices. On remarqua même qu'un ouragan renversa l'étendard, et on ne manqua pas de considérer cet événement fortuit comme de mauvais présage.

Cependant le roi reçut de Hollande quelques secours d'armes et de munitions. Ils lui avaient été envoyés par la reine son épouse, Henriette de France, noble fille de Henri IV, et princesse digne d'une meilleure destinée. Le prince Robert, son neveu, obtint quelques succès contre une partie de la cavalerie du comte d'Essex, général parlementaire.

Peu de temps après, l'armée royaliste, forte de dix mille hommes, attaqua les troupes d'Essex, supérieures en nombre. L'action eut lieu le 23 octobre près d'Edgehill. Sir Fortescue rendit l'affaire plus égale, en passant avec un corps de troupes dans l'armée de Charles. La bataille fut sanglante et indécise ; car si la cavalerie royale mit en fuite celle des rebelles, leur infanterie rétablit le combat, et causa aux troupes de Charles d'assez grandes pertes. Le roi s'empara ensuite du château de Banbury, et la moitié de la garnison passa dans son armée.

Les deux chambres déployèrent alors une extrême énergie ; et comme elles s'embarrassaient fort peu de savoir si les moyens qu'elles employaient pour se procurer des hommes et de l'argent étaient légitimes ou non, le feu de la guerre civile fit plus de ravage qu'auparavant.

Dans plusieurs engagemens les armes de Charles eurent l'avantage, et le prince Robert conserva sa supériorité sur l'ennemi. Ayant emporté Bristol d'assaut, Charles entreprit le siége de Glocester, en 1643. Essex marcha au secours de cette place, et une bataille devint inévitable. Elle eut lieu près de Newbury, et fut encore sans résultats décisifs. Fairfax, qui acquit dès lors une triste célébrité, défit à Nantwich un corps d'Irlandais royalistes ; mais le prince Robert prit une glorieuse revanche à Newark , dans le Nottinghamshire. Il força un corps de rebelles à capituler l'an 1644.

Fier de son triomphe , Robert combattit de nouveau les parlementaires , le 3 juillet, à Marston-moor.

Il eut d'abord de grands avantages ; mais alors apparut comme un sinistre météore le terrible Cromwell. Il avait dans l'armée des rebelles le grade de lieutenant-général ; et à la tête de l'aile gauche, il commença par défaire la droite des royalistes. Attaquant aussitôt la gauche, jusqu'alors victorieuse, il la mit également en déroute. L'armée du prince Robert perdit trois mille hommes tués , et trois mille autres faits prisonniers; son artillerie, son bagage et ses munitions tombèrent au pouvoir des ennemis , et dès lors les troupes parlementaires prirent un fatal ascendant sur celles de Charles.

Elles le durent en très - grande partie à Cromwell, qui exalta prodigieusement leur fanatisme. En 1645 il secondait Fairfax, ou plutôt partageait son autorité, lorsque le 14 juin les deux armées se trouvèrent en présence près du village de Naseby. Le prince Robert fit d'abord ployer le corps qui lui était opposé ; mais il fut repoussé à l'attaque d'un parc d'artillerie. Sir Langdale attaqua la cavalerie des parlementaires que commandait Cromwell. Celui-ci non seulement soutint le choc, mais il se porta au secours de l'infanterie de Fairfax, et l'empêcha d'être entièrement défaite. Rien ne tint contre la furie de ses troupes ; cependant la réserve commandée par le roi en personne, allait commencer une attaque dont il pouvait se promettre du succès, lorsqu'un événement inattendu eut les suites les plus désastreuses. Il allait charger les ennemis quand le comte de Carnwath, Ecossais, qui se trouvait près de lui, saisit la bride de son cheval et le fit tourner de côté. « Voulez-vous donc, dit-il » à Charles, en jurant, courir à une mort » certaine ? » Qu'il agit ainsi par excès de zèle ou par trahison, c'est ce qui n'a jamais été bien décidé ; mais il n'est que trop certain qu'il causa la perte du roi. Ses cavaliers croyant que ce prince fuyait, tournèrent le dos aux ennemis. Cinq mille hommes, avec tout le canon et tout le bagage, tombèrent au pouvoir des parlementaires. Peu de temps après le prince Robert rendit

Bristol , et Charles, aigri par ses malheurs , lui ordonna de quitter le royaume ; cependant il reçut ensuite ses excuses, mais sa situation n'en devint pas meilleure.

A Torrington et Chester les troupes de Charles éprouvèrent de nouveaux revers ; à Newark , l'infortuné roi fut insulté par ses propres officiers ; et bientôt il prit le parti désespéré d'aller se jeter dans les bras des Ecossais auxiliaires du parlement , après avoir fait faire aux rebelles des propositions de paix qui furent rejetées.

Rien n'égala l'humiliation de Charles quand il fut au pouvoir des Ecossais. Leurs prédicateurs l'insultèrent en face , et enfin il fut livré à des commissaires anglais, le 13 janvier 1647. Deux années s'écoulèrent encore avant l'affreuse catastrophe qui priva Charles de la vie ; et pendant tout ce temps il fut le triste jouet de ses vainqueurs , uniquement divisés sur la manière plus ou moins humiliante et atroce dont ils agiraient à son égard.

Assassinat juridique de Charles Ier.

L'Angleterre, ou plutôt ceux qui l'opprimaient, commirent alors un crime dont cette nation, de l'aveu de la plupart de ses historiens, ne pourra jamais se laver. La France fut aussi malheureuse. Je n'ai pu prendre sur moi de rapporter, dans les *Époques et Faits mémorables de l'Histoire de France*, les détails de cet attentat : mes jeunes lecteurs n'auront que trop de facilités pour les connaître. En traçant les derniers momens de Charles Ier, d'après les autorités les plus sûres, je leur offre les moyens de faire des rapprochemens trop faciles, qui imprimeront encore plus dans leur esprit l'horreur pour de si épouvantables forfaits.

Fidèle à mon plan, je n'entrerai point dans les détails du procès monstrueux que des rebelles firent subir au monarque alors en leur puissance. C'est des derniers momens de l'infortuné Charles et de quelques-unes des circonstances qui les précédèrent que je veux seulement parler.

Charles était gardé à vue dans le château

de Hurst en Hampshire, lorsque la secte dite des Indépendans, ayant chassé les membres presbytériens de la chambre des Communes, et rappelé Cromwell dans son sein, établit un comité chargé de rédiger une accusation en forme contre Charles. Harrison, colonel, et fils d'un boucher, alla chercher le monarque à Hurst, pour le conduire à Windsor. A quoi tiennent souvent les plus grands événemens ! Charles eut en route la permission de dîner chez le lord Newburgh, qui avait résolu de le faire échapper sur un cheval extrêmement léger à la course. Mais un peu avant que le roi arrivât, ce cheval fut blessé par un coup de pied qu'un autre lui donna, et l'évasion projetée ne put avoir lieu. Le duc Hamilton, prisonnier à Windsor, courut à Charles et se jeta en pleurant à ses pieds : « Ah ! mon cher maître ! lui » criait-il. » Charles l'embrassa, répandit aussi des larmes ; et, faisant une douloureuse allusion à ce que le duc avait souffert, lui répondit : « En effet, j'ai été pour vous » un maître bien *cher.* »

Dès son arrivée, il ne fut plus traité en roi. Privé de ses domestiques, il eut à souffrir, et souffrit avec une extrême résignation l'insolence des valets du parlement placés près de lui. Il ne pouvait croire qu'on osât lui faire son procès ; mais il craignait un asssassinat nocturne. Le farouche Harrison le tira d'erreur en lui disant que sa mort serait aussi peu obscure que le soleil en plein midi.

Le 28 décembre 1648, les Communes créèrent ce qu'elles appelaient une haute cour de justice pour juger le roi, qu'elles affectèrent de nommer *Charles Stuart*. On lui reprochait des actes arbitraires, la guerre entre lui et le parlement, l'épuisement des finances, etc. Cromwell, Fairfax, Jreton et ses ennemis les plus acharnés, étaient à la tête de cette commission de cent quarante-cinq membres. On réduisit à rien le pouvoir de la chambre des Pairs, en décrétant que le peuple étant souverain, la chambre des Communes représentait seule réellement l'Angleterre, et n'avait pas besoin du concours de la chambre haute pour que ses actes eussent force de loi.

Du 6 au 20 janvier 1649, on s'occupa des préparatifs du procès, qui fut instruit dans la salle de Westminster. Six pairs avaient été d'abord membres de la commission. On les remplaça, et le patricien Bradshaw, un des nouveaux membres, devint président de la haute Cour. Coke fut procureur général , et eut pour adjoints Dorislaus et Aske. Quand on eut détaillé les prétendues preuves de la culpabilité de Charles , on lut l'acte d'accusation. A ces mots du commencement , « Au nom de tout le *bon* peuple » anglais , » une voix de femme partit des tribunes et cria : « Pas seulement de la vingtième partie. » Un peu auparavant, quand on avait fait l'appel des commissaires , la même voix, en entendant nommer lord Fairfax , général du parlement , avait répondu : « Il a trop de jugement pour être ici. » A la seconde interruption , un officier , digne serviteur d'un tel tribunal , ordonna de faire feu à l'endroit d'où la voix était partie ; mais on reconnut aussitôt lady Fairfax; qu'avec assez de peine on parvint à faire sortir.

· Amené de Windsor au palais de Saint-James , le roi fut amené le lendemain devant ses bourreaux. On le conduisit à un siége placé en-dedans de la barre. Il s'assit avec dignité , sans porter la main à son chapeau. Les juges aussi restèrent couverts. Bradshaw lui dit qu'il allait être jugé , et lui lut les charges. Charles sourit avec dédain , déclara que sans roi et sans chambre des Pairs , il n'y avait point de parlement, et que, convaincu que leur autorité n'était pas légitime , il ne leur répondrait pas. En effet, quelques sommations qu'on lui fît, il garda toujours depuis un silence absolu , jusqu'au moment où on le reconduisit à Saint-James.

Il conserva , dans deux interrogatoires suivans, la même fermeté; il attesta qu'il était prêt de donner satisfaction à son peuple, mais non en criminel, et lorsqu'on le traduisait devant une cour incompétente. Il n'obtint pour réponse que des injures que lui prodigua Bradshaw.

Le 27 janvier, il fut de nouveau conduit dans la salle de Westminster, au milieu des insultes des soldats et de la populace, qui criaient : « Justice ! justice ! exécution ! exécu- » tion ! » Il demanda, toujours en conservant son chapeau sur sa tête, à communiquer quelque chose pour rétablir la paix et assurer la liberté des sujets ; mais il voulait parler en présence des lords et des Communes réunis. On rejeta sa demande. Alors il reprit qu'il n'avait plus rien à dire. Le président lui fit de nouveaux reproches sur sa mauvaise administration, essaya de prouver, par des raisonnemens et des exemples, qu'on avait le droit de le juger ; ensuite il fit lire l'arrêt par le greffier. Il portait que, comme tyran, traître, meurtrier et ennemi public, Charles

Stuart était condamné à être décapité (1). Le roi ne fit paraître aucun signe d'émotion ; mais il voulut parler, ce qui ne lui fut pas permis. Les outrages, les cris de justice ! exécution ! recommencèrent quand il sortit du tribunal. On l'accabla d'outrages , on lui poussa vers le visage des bouffées de tabac, parce que l'on savait qu'il n'en pouvait supporter l'odeur sans dégoût ; enfin on alla jusqu'à lui cracher à la face. Sa patience, sa résignation ne se démentirent point ; un instant même, il sourit de pitié, et dit, en parlant des soldats les plus acharnés à l'outrager : « Les pauvres gens ! avec un » peu d'argent, on les engagerait à traiter » leurs chefs de la même manière. » Alors il pria pour ses ennemis. Quelques hommes du peuple furent touchés et versèrent des larmes; un soldat même implora, pour la tête de son roi, la bénédiction céleste : mais

---

(1) On ne procéda pas à ce prétendu jugement seulement avec férocité, mais quelquefois avec la légèreté la plus barbare. Tous les historiens rapportent que quand Cromwell signa la sentence de mort de son roi , il barbouilla d'encre le visage d'un nommé Henri Martin, qui siégeait près de lui, et qui lui rendit la pareille.

son officier, qui l'entendit, le jeta par terre d'un coup violent, sous les yeux du roi. « Il » me semble, dit Charles, que la punition » excède l'offense. »

De retour à Whitehall, il demanda la permission de voir ses enfans, et d'être assisté dans ses prières par le docteur Juxon, ci-devant évêque de Londres. Il obtint ce qu'il désirait; mais on lui fit expier cette faveur en lui envoyant aussi un fougueux prédicant, nommé Hugues Peters, qui le tourmenta de ses insolens sermons.

Les Ecossais, qui avaient plus d'un reproche à se faire dans cet étrange procès, prirent au sort de l'infortuné monarque un intérêt très-grand, mais bien tardif. La France et les Hollandais agirent aussi en sa faveur. La reine et le prince de Galles, ne considérant que le péril d'un époux et d'un père, n'hésitèrent point à écrire au parlement les lettres les plus pathétiques. Quatre ministres s'immortalisèrent; ce furent le duc de Richemond, les comtes de Southampton, d'Hereford et Lindsey. Ils remontrèrent aux Communes que le roi n'avait rien fait que par leurs conseils, et s'offrirent pour victimes à sa place. Tout fut inutile; sa mort avait été jurée dès long-temps; et le 30 janvier fut fixé pour le jour de la consommation du crime.

Il restait ainsi trois jours au roi pour se préparer à la mort. Il eut avec son fils, le duc de Glocester encore en bas âge, et la princesse Elisabeth sa fille , une entrevue très-touchante. Cette jeune personne sentait profondément les malheurs de son père et de sa famille. Il la chargea de porter à sa mère les plus tendres adieux , et lui fit présent de deux cachets ornés de pierreries , seules richesses dont on ne l'eût pas dépouillé. Quand il eut béni et eux et ses autres enfans absens, il les congédia et ne s'occupa plus que de se préparer à la mort.

Au milieu de la stupeur du peuple , on mit en jeu tous les ressorts d'un fanatique enthousiasme afin de l'étourdir sur ce grand forfait. Fairfax employait son crédit pour que l'arrêt ne fût pas exécuté : Cromwell et Jreton l'assurèrent que le Seigneur avait rejeté le roi , et lui donnèrent pour compagnon de prière Harrison, jusqu'à ce que la tête du monarque eût tombé sur l'échafaud.

Le 30 janvier, le roi fut conduit par le parc St.-James à Whitehall. Il était à pied, accompagné du docteur Juxon. Un régiment d'infanterie commandé par le colonel Tomlinson, était rangé sur son passage. Il avait commencé le matin ses dévotions et les continua jusqu'à midi. Alors il mangea un morceau de pain et but un verre de vin. Il marcha ensuite vers l'échafaud tendu de noir. Près du billot et de la hache étaient deux exécuteurs masqués (1), des troupes de cavalerie et d'infanterie entouraient l'échafaud, et la place était remplie d'une foule immense. Le roi regarda d'un œil calme les instrumens du supplice, et parut s'étonner que l'échafaud ne fût pas plus élevé. S'adressant ensuite à Tomlinson, Hacker et quelques autres placés sur l'échafaud même, il déclara de nouveau qu'il n'avait point à se reprocher d'avoir commencé la guerre contre

––––––––––

(1) On a fait mille conjectures sur ces personnages : on a nommé quelques seigneurs qui autrefois avaient reçu des injures de Charles, et qui auraient acheté l'affreux plaisir de se venger. On a même dit que l'un d'eux s'était nommé à lui, et lui avait montré un instant son visage avant de frapper ; à quoi Charles n'aurait répondu que par un profond soupir. Mais aucun de ces récits n'est bien constaté. Il est cependant certain que ces hommes n'étaient pas des bourreaux ordinaires, car alors pourquoi se seraient-ils masqués ?

le parlement ; mais il avoua ce qui depuis long-temps affligeait son âme : il reconnut que le ciel le punissait justement d'avoir consenti à l'arrêt de mort prononcé autrefois avec tant d'iniquité contre son noble ministre le comte de Straffort. Il répéta qu'il pardonnait à tous ses ennemis, et exhorta le peuple à reconnaître son fils aîné comme souverain légitime. Enfin, il déclara qu'il mourait sincèrement attaché à la religion de l'église anglicane. Le docteur Juxon lui adressa des paroles de consolation. «Oui, dit le roi, je vais quitter une couronne périssable pour une couronne qu'aucun trouble n'accompagnera. — Sans doute, reprit le pieux évêque, vous échangez une couronne temporelle contre une couronne éternelle. Ah ! quel favorable, quel heureux échange! (1) »

Quand le roi eut ôté lui même son habit, il remit à l'ecclésiastique sa décoration de Saint-Georges, en ne lui disant qu'un seul mot: « souvenez-vous ! » (*remember!*) Alors posant sa tête sur le bloc, il éleva ses mains,

_____

(1) Qui ne se rappelle ici les paroles sublimes du vertueux Edgeworth à notre *roi - martyr :* « Fils de saint Louis, montez au ciel! »

comme pour donner lui même le signal. D'un seul coup, un des hommes masqués lui trancha la tête : l'autre la saisit toute sanglante, et la montra au peuple, en criant : « Voici la tête d'un traître. »

Ainsi périt dans la quarante-neuvième année de son âge et la vingt-neuvième de son règne, ce prince immolé à la fureur d'hypocrites forcenés qui, les armes à la main et citant sans cesse l'évangile et les écritures, exécutèrent sans obstacles un des plus atroces forfaits dont il soit possible aux hommes réunis en société de souiller eux-mêmes et leur patrie.

La mort de Charles excita chez le peuple des regrets sincères. La terreur n'était pas tellement organisée en Angleterre que ce fût un crime digne de mort de lui donner des regrets (comme nous l'avons vu en France à une époque également exécrable). Les femmes surtout, toujours plus sensibles, et peut-être dans de telles circonstances plus courageuses que les hommes, témoignèrent hautement leur douleur. On alla même jusqu'à plaindre la malheureuse destinée du roi dans les chaires d'où si souvent on avait vomi contre lui des provocations et des anathèmes. Toutefois, les assassins triomphèrent, et, pendant quelque temps encore, jouirent du fruit de leur scélératesse ; mais la mort funeste de Charles Ier laissa dans les esprits un sentiment de douleur et de remords qui ne contribua pas peu à préparer le retour de Charles II, son fils. Sentiment juste, naturel, et que des régicides seuls sont capables de méconnaître.

Le corps de Charles, mis dans un bière couverte de velours noir, fut transporté à son appartement de Whitehall. On l'y embauma, et il fut exposé pendant plusieurs jours dans le palais de St.-James. Enfin les quatre seigneurs dont j'ai cité le dévouement, le duc de Richemond, les comtes d'Herefort, de Southampton et Lindsey, fidèles à leur prince, même après sa mort, demandèrent et obtinrent la permission de le faire inhumer secrètement et sans pompe dans l'église de Windsor. On croit pourtant qu'il n'y fut point placé, ou que, du moins, il n'y resta pas long-temps. Ici encore les conjectures et les récits se multiplient. Il m'est impossible de les déduire et encore moins de les discuter ; mais ce qu'il y a de certain c'est qu'en 1812, on a élevé de nouveau en Angleterre une

longue controverse pour déterminer d'une
manière précise le lieu où reposaient les restes d'un monarque si malheureux, et, quelques fautes qu'il ait pu commettre, digne
d'une meilleure destinée.

I

Aventures singulières et dangers de Char-les II, après la bataille de Worcester.

Le récit qu'on va lire est un de ceux où l'histoire, en conservant tous ses avantages, offre tout l'intérêt du roman. Il y a peu de faits aussi bien constatés, puisque l'auteur original est Charles II lui-même, qui donna toutes ces particularités tant à Clarendon qu'à Pepyss, secrétaires de l'amirauté. J'ai eu soin, en abrégeant le récit, d'en conserver les principales circonstances.

Le terrible ascendant de Cromwell se fit sentir à la bataille de Worcester, livrée le 3 septembre 1651, comme à plusieurs autres. Dans cette journée funeste, anniversaire de celle de Dunbar, qui ne l'avait pas été moins, Charles II tenta vainement de disputer la victoire aux parlementaires. On lui tua deux mille hommes et plusieurs généraux. Huit mille de ses soldats prisonniers furent dans la suite vendus comme esclaves aux Colons d'Amérique. Enfin il fallut que le roi abandonnât le champ de bataille avec un corps de cavalerie.

Voyant ses troupes consternées, il les quitta dans la nuit, coupa ses cheveux pour être moins en danger d'être reconnu, et fut conduit par le comte de Derby à Boscobel, dans le Shropshire; il y resta déguisé en paysan, chez quatre frères nommés Pendrell. Au bout de quelques jours il essaya de gagner le pays de Galles avec le comte, mais les passages de la Severn étaient trop bien gardés. Il revint à Boscobel, où il trouva un de ses officiers fugitifs comme lui, le colonel Careless. La vue d'un grand nombre d'hommes, soldats ou autres, les obligea de se cacher dans le creux d'un chêne isolé au milieu des champs. Ces gens cherchaient le roi pour le livrer aux parlementaires, et pendant tout un jour s'approchèrent plus d'une fois de l'arbre. Charles alla ensuite chez un pauvre paysan catholique, connu de Careless, qui alors quitta le roi par son ordre. Charles vécut pendant plusieurs jours de pain noir et de lait de beurre. Il s'était donné pour un cavalier échappé au désastre de Worcester, et fut presque toujours caché dans du foin.

Un homme de confiance que Careless lui envoya le conduisit plus loin de la grande route. Il changea d'habits avec son hôte. Les souliers qu'il avait reçus en place de ses bottes se trouvèrent trop étroits ; il lui fallut marcher avec ses bas seuls, mais bientôt les cailloux et les haies lui mirent les pieds en sang. L'abattement que la douleur et la fatigue lui causèrent fut tel qu'il se résigna plus d'une fois à tomber aux mains de ses ennemis.

Il erra ainsi plusieurs jours de cabane en cabane, et les pauvres gens, tous catholiques, auxquels il eut recours, lui gardèrent une admirable fidélité. Un bénédictin nommé Kuddlestone lui procura de meilleurs vêtemens que les haillons doit il était couvert.

Introduit par lord Wilmot, fugitif comme lui, chez un M. Lane, gentleman du comté de Strafford, il y fut très-bien reçu, et lut la proclamation qui mettait sa tête au prix de mille livres sterling, en déclarant coupable de *haute trahison* quiconque lui accorderait un asile. Il fut résolu qu'il monterait à cheval, ayant en croupe la fille de Lane, qui se rendait près de Bristol. Charles brava tous les dangers qu'il y avait à traverser plusieurs villes de marché pendant quatre ou cinq jours, parce que ce voyage le rapprochait de la mer. Dans la route il passait pour être attaqué d'une fièvre quarte, et obtenait ainsi quelque chambre isolée, où miss Lane lui portait elle-même à manger. Chaque jour il voyait passer quelqu'un qui lui était connu.

Arrivé chez une parente de miss Lane , appelée mistress Norton, la première personne qu'il y vit fut le docteur Georges , un de ses chapelains. Il se rendit à l'écurie pour avoir soin du cheval, tandis que miss Lane faisait préparer une chambre à ce pauvre *William* qui avait la fièvre. Le sommelier lui porte un bouillon dans cette chambre , le regarde fixement, puis tombe à ses pieds en s'écriant : « Ah ! que je suis charmé de voir votre ma- » jesté ! » Il avait été fauconnier d'un sei- gneur de la cour. Le roi lui recommanda le silence , même à l'égard de ses maîtres , et il obéit ponctuellement. Son chapelain vint ensuite, en qualité de médecin , et lui tâta le poulx, mais il ne le reconnut pas. Charles avait en soin de se tenir dans un endroit obscur.

Logé ensuite chez le colonel Windham , dont la mère , à laquelle on le présenta , avait perdu trois fils et un petit-fils au ser- vice de Charles Ier. , il y fut très-bien reçu : un ami du colonel , M. Ellison , loua une barque à Lyme pour passer en France deux passagers (Charles et lord Wilmot qui l'avait rejoint.) Ils se rendent dans une petite au- berge près du village , et vont ensuite au-devant de la barque ; mais elle n'arrive point. La femme du patron lui avait dit qu'elle le soupçonnait de s'être engagé dans quelques entreprises dangereuses, et que s'il sortait avant le jour, elle le dénoncerait aux magistrats.

Charles était retourné chez M. Ellison ; s'il fût revenu à l'auberge il était perdu. Un tisserand du nombre des fanatiques de l'armée parlementaire vint ce jour même prêcher dans une chapelle, en face de l'auberge, contre *Charles Stuart*, et un maréchal qui visita les fers du cheval sur lequel il était venu, prétendit reconnaître à la forme de ces fers que le cheval venait des provinces septentrionales. Le prédicant assura aussitôt que le cavalier ne pouvait être que Charles Stuart.

Il ne se borna pas à cette assurance, il se rendit à l'auberge avec un constable ; et quand ils surent que les étrangers étaient partis, ils se mirent à cheval à leur poursuite ; mais ils n'avaient pas de direction fixe, et ne retrouvèrent point les traces du prince.

De retour à la maison de Windham, Charles se rendit à Heale, dans le voisinage de Salisbury, chez le sergent Hyde. Pendant la route il rencontra un régiment de cavalerie parlementaire, et marcha quelque temps avec plusieurs officiers. A Heale, le docteur Hinchman se chargea de lui procurer un vaisseau ; mais le colonel Gunter lui ayant fait amener une barque à Brighthelmsted, le roi s'y embarqua avec lord Wilmot. La mer du moins ne lui offrit pas de nouveaux dangers à courir. Quoique l'on fût au mois de novembre, sa traversée fut heureuse, et il prit terre à Fécamp.

Ce fut ainsi qu'au milieu de tous ces périls Charles II quitta cette Angleterre où son père et tant de sujets fidèles avaient perdu la vie. Moins de neuf années devaient s'écouler avant qu'il la revît et qu'il y fût reçu avec des acclamations de joie.

Ce qui ne fut pas le moins étonnant dans cette suite d'aventures, ce fut que Charles, obligé de se confier, depuis le premier moment de sa fuite, à quarante personnes de tout rang, éprouva de la part de toutes une fidélité inviolable, qui seule pouvait le soustraire à la fureur de ses ennemis.

Cromwell dissout le long parlement, en crée un nouveau, et se fait déclarer protecteur.

Voici encore une de ces époques fameuses où la révolution d'Angleterre a le plus grand rapport avec celle de France. Nous y voyons un tyran jeter le masque et se délivrer de ses complices, qui commençant à lui inspirer des inquiétudes , lui fermaient le chemin de l'usurpation; mais la dissolution du long parlement, en 1653, diffère dans quelques détails de notre 18 brumaire. Ils sont curieux, caractéristiques, et méritent d'être recueillis.

On était en guerre avec la Hollande. Le parlement voulait augmenter les forces de mer pour avoir un prétexte de congédier les troupes de terre, à l'appui desquelles Cromwell devait son élévation. Déjà plusieurs bills étaient passés, et il ne lui restait plus qu'un coup d'éclat. Il y eut recours avec autant d'audace que de succès.

Il tenait conseil avec ses officiers, lorsqu'on vint lui annoncer les résolutions du parlement. Aussitôt témoignant une extrême

Cromwel.

Abandonnez ce lieu que vous souillez de
votre présence

indignation , il prend trois cents soldats devoués et les place à la porte et aux passages de la salle des séances. Il entre alors, et employant de nouveau ce jargon mystique tant de fois utile à son hypocrite ambition, il s'adresse à son ami Saint-Jean. « Je viens, » lui dit-il, quoiqu'avec un extrême regret, » pour *accomplir l'œuvre du Seigneur.* » Alors toutefois il se tient calme, et écoute la suite des débats ; mais à l'instant où l'orateur (le président) résumait la question , il se lève, et dans le discours le plus outrageant reproche à tous ces hommes ses complices, leur ambition, leur tyrannie, leurs dilapidations du trésor de l'Etat. Ensuite il frappe du pied avec violence: ses soldats entrent, et Cromwell, apostrophant de nouveau les *honorables membres* : « Abandonnez, leur dit-il, ce lieu que » vous souillez de votre présence, cédez la » place à d'honnêtes gens, vous n'êtes plus » le parlement; non , je vous le déclare, vous » n'êtes plus le parlement. Le Seigneur dans » sa juste colère vous a rejetés. » Sir Henri Vane, un des membres les plus marquans, veut lui adresser quelques observations sur un acte d'oppression qui avait droit de blesser même des hommes de cette sorte, puisqu'enfin il portait tous les caractères de la violence. Cromwell n'ayant aucune bonne réponse à lui faire s'écrie, toujours avec son ton d'énergumène : « O sir Henri Vane ! sir » Henri Vane ! que le Seigneur me délivre de » sir Henri Vane ! » Aussitôt, prenant un autre style, il s'approche de plusieurs membres, il les prend par les bras, par leurs habits, disant à l'un : « Tu es un concussionnaire »; à l'autre : « Tu es un débauché »; à celui-ci : « Tu es un ivrogne »; à celui-là : « Tu es un adultère. » Puis il ajoute :

« C'est vous qui m'avez forcé de faire ce » que je fais : long-temps *j'ai lutté jour et nuit* » *avec le Seigneur.* J'aurais mieux aimé qu'il » m'eût donné la mort que d'accomplir une » telle œuvre; mais sa volonté doit être exé-» cutée. » Alors, montrant à un soldat la masse d'armes placée sur le bureau de l'orateur : « Otez, lui dit-il, d'ici ce colifichet. » Aussitôt il fait défiler devant lui, un à un, tous les membres, pressant même, à ce qu'on dit, par quelques coups de poings et de pieds la lenteur de plusieurs; il sort le dernier, ferme la porte, met les clefs dans sa poche, et fait placer sur la façade de l'édifice un écriteau portant : *maison à louer.*

Une proclamation de Cromwell, signée des principaux officiers de terre et de mer, *prouva* au peuple Anglais que l'usurpateur avait eu raison de dissoudre le *long* parlement. Cependant, pour amuser les imbéciles par une apparence de république, il convoqua bientôt un nouveau parlement de cent quarante-quatre membres. Mais comme il les choisit lui-même, il eut soin de les prendre parmi les hommes de la plus basse classe et les plus stupides, persuadé qu'ils ne tarderaient pas à reconnaître leur incapacité et à lui remettre le gouvernement.

Ces misérables, avilis, dès leur entrée en fonctions, dans l'opinion publique, s'occupèrent d'abord de remplacer les institutions existantes par les dogmes de Moïse. On eut dit qu'ils voulaient que la nation entière cessât d'être chrétienne, et devînt juive. Aux noms des saints, ils substituèrent ceux des principaux personnages de l'histoire hébraïque. Quelquefois même leurs prénoms étaient formés de sentences tirées des livres juifs : comme, *combats*, *le combat de la foi*, VVhite : *Dieu récompense*, Smart, etc. Quelques-uns avaient même pour prénoms jusqu'aux dix commandemens. L'un de leurs plus *illustres* membres fut un corroyeur appelé Barebones, qui avait pour prénom *loue Dieu*. Or comme ce nom de *Barebones* est

formé de deux mots qui signifient *os déchar-*
nés, on ne tarda pas à désigner par ce nom
tout ce grotesque parlement.

Ce que Cromwell avait prévu arriva : cette
même année 1653 n'était pas encore termi-
née, lorsque (le 12 décembre) les membres du parlement Barebones s'assemblèrent
de meilleure heure qu'à l'ordinaire pour se
reconnaître avec candeur incapables de porter le fardeau dont ils s'étaient chargés.
Alors ils se rendirent près de Cromwell et de
son conseil militaire pour leur remettre leurs
pouvoirs.

Cependant, comme il y a toujours des
gens peu disposés à renoncer volontairement
à la puissance, le général Harrison et une
vingtaine d'autres membres étaient restés
dans la salle. Ayant installé dans la place de
l'orateur un nommé Moyer, ils se mirent à
protester contre la démarche de leurs frères.
Cromwell en fut aussitôt averti ; mais il ne
pensa pas qu'ils valussent la peine de lui
faire renouveler la scène de la dissolution du
long parlement. Il se contenta de leur envoyer
un détachement de soldats. Le colonel White,
qui les commandait, leur demanda ce qu'ils
faisaient là. Ils répondirent, qu'ils cherchaient le Seigneur. « Allez le chercher ail-

» leurs , répondit White , car je suis certain
» qu'il n'est pas venu ici depuis plusieurs
» années. » Et il les mit à la porte.

Alors le conseil des officiers déclara
Cromwell *Protecteur de la république d'Angleterre*, titre qui lui fut accordé sans difficulté
par toute la nation , et qu'il ne voulut pas
dans la suite échanger contre celui de roi,
« Parce que , disait-il , les Anglais savaient
» très-bien l'étendue des droits d'un roi et
» non, celle des droits d'un protecteur. » Il
eut en effet sous ce nom un pouvoir à
peu près sans bornes , et auquel on ne peut
guère comparer en Angleterre que celui
dont avait joui Henri VIII.

*Coup-d'œil sur les batailles navales que se
livrèrent les Anglais et les Hollandais,
du temps de Cromwell.*

Ce fut un très-grand et très-étonnant spectacle que celui des efforts prodigieux que firent alors les Hollandais, affranchis depuis si peu de temps, pour lutter contre une puissance déjà formidable sur mer. Ils déployèrent alors une énergie qui doit rendre immortelle la mémoire de leurs marins, sans toutefois que ceux de l'Angleterre aient acquis moins de gloire. Un coup-d'œil rapide sur ces terribles engagemens ne peut être qu'intéressant.

La nature de ce recueil ne permet pas de remonter aux causes de cette guerre. Il serait d'ailleurs assez inutile de les rechercher. Cromwell, le parlement et les Anglais étaient jaloux de la prospérité du commerce des Hollandais ; ils voulaient détruire ou du moins réduire leur marine militaire : ils prirent toutes les mesures qui annonçaient des vues hostiles ; et les États - Généraux virent qu'il ne leur restait plus qu'à soutenir cette agression avec courage.

Avant que la guerre fût déclarée, l'amiral hollandais Martin van Tromp, à qui cette guerre acquit tant de gloire, fut envoyé dans le canal avec quarante-deux vaisseaux, pour escorter les navires marchands qui revenaient en Hollande. Il rencontra, le 17 mai 1651, près de Douvres, la flotte anglaise, commandée par Blake, digne d'être son antagoniste. Elle était de vingt-six vaisseaux. Blake fit signal à Tromp, par plusieurs coups de canon sans boulet, de saluer selon l'usage, en abaissant pavillon, le pavillon d'Angleterre. Tromp n'obéit pas : Blake tira un coup à boulet ; Tromp lui répondit par une bordée, et la bataille commença.

Pendant qu'elle durait, le capitaine Bourne vint, avec huit vaisseaux, renforcer Blake. Cependant Tromp avait toujours l'avantage du nombre. L'affaire dura depuis quatre heures après midi jusqu'à la nuit, avec le plus grand acharnement. Alors Tromp se retira derrière les sables de Goodwin. Il avait perdu deux vaisseaux, dont un coulé à fond et l'autre pris ; mais les Hollandais prétendent qu'il en coula six aux ennemis, ce qui paraît probable, malgré le désaveu des Anglais.

On fut obligé de donner des gardes aux ambassadeurs hollandais, dont la populace de Londres menaçait la sûreté. On négocia ; les Hollandais prétendirent qu'ils ne devaient plus le salut, puisque les Anglais n'étaient plus sous le gouvernement royal. Le résultat de ces pour-parlers fut une guerre ouverte, et formellement déclarée entre les deux puissances.

Tromp, battu par une tempête, ne put atteindre Blake, qui détruisit les bâtimens pêcheurs hollandais sur les côtes de Shetland. Ruyter et sir Georges Ayscue combattirent près de Plymouth ; et quoique ce dernier fût inférieur à l'amiral hollandais, la bataille fut indécise. Dans la Méditerranée, le chef d'escadre anglais Badily fut défait par van Galen ; mais le vainqueur mourut au milieu de son triomphe.

Blake vengea son pays dans une action contre l'amiral de Witt, sous lequel servait Ruyter. Il prit sur les côtes de Kent le vaisseau de Witt à l'abordage, et en coula deux autres à fond ; un quatrième sauta en l'air. Toutes ces actions sanglantes eurent lieu pendant l'année 1652, et les Anglais eurent cette année une supériorité si réelle, qu'ils s'emparèrent d'un grand nombre de vaisseaux marchands richement chargés , sans que leurs ennemis pussent s'y opposer.

Mais cette même année n'était pas encore écoulée, lorsque les Hollandais reparurent sur mer plus formidables qu'auparavant. Ils avaient fait parvenir à leurs vaisseaux marchands revenant de la Méditerranée , l'ordre de s'arrêter à l'île de Rhé, pour y attendre une escorte. Tromp mit à la voile pour s'y rendre. Sa flotte, en y comprenant l'escadre de Ruyter, était de soixante-seize vaisseaux. Il rencontra près des sables de Goodwin , le 29 novembre , Blake , dont les forces étaient un peu inférieures. Cette fois, tout l'avantage fut pour les Hollandais. Blake, blessé dans le combat, eut la douleur de perdre cinq vaisseaux , dont deux pris , deux incendiés , et un coulé à fond. Les historiens anglais conviennent eux-mêmes que la nuit seule , en lui permettant de se réfugier aux Dunes , empêcha la destruction totale de sa flotte. Tromp , victorieux, continua sa route ; et pour exprimer son dessein de nettoyer tout le canal des flottes ennemies , il attacha un balai au grand mât de son vaisseau.

Les Anglais, furieux d'avoir été battus

sur un élément qu'ils regardaient déjà, depuis quelque temps, comme en quelque sorte leur domaine, redoublèrent d'efforts; Blake demanda lui-même que l'on fît venir d'Ecosse et qu'on lui adjoignît dans le commandement le célèbre Monk, qui depuis eut l'honneur de replacer Charles II sur le trône. Ils eurent Dean pour vice-amiral, et, avec quatre-vingts vaisseaux, ils allèrent attendre, dans le canal, Tromp et Ruyter, qui, avec leurs soixante-seize navires, revenaient de l'île de Rhé, après avoir pris sous leur escorte trois cents voiles marchandes.

Jamais bataille navale ne fut plus terrible. Elle commença sur les côtes de France, le 18 février 1653, presque avec l'aurore, et dura trois journées entières. C'est assez faire entendre combien les chefs déployèrent de talens, et les marins ou soldats d'intrépidité. Mais les Anglais n'avaient pas seulement un avantage de quatre vaisseaux; il eût pu, sur le nombre total, paraître de peu d'importance; ils en avaient un bien plus considérable dans la supériorité de leurs vaisseaux et de leur artillerie : car il faut observer qu'alors on plaçait en ligne des navires auxquels nous donnerions tout au plus aujourd'hui le nom de frégates. Or chaque vaisseau hollandais avait presque toujours à combattre quelque vaisseau d'une force supérieure, depuis les amiraux jusqu'aux derniers de chaque flotte.

Tromp, à la fin, se vit forcé de faire retraite, mais elle fut honorable ; et de tout son immense convoi, trente navires seulement tombèrent au pouvoir des Anglais : mais il perdit onze vaisseaux de guerre et quatorze mille hommes faits prisonniers, outre deux mille qui furent tués. Au reste, la flotte anglaise avait été si maltraitée, qu'elle ne put opposer aucun obstacle à la retraite des ennemis. Ce désastre porta les États-Généraux à faire quelques propositions de paix au parlement. Ils étaient déterminés à des sacrifices ; mais alors ce parlement fut brusquement dissous par Cromwell.

Pendant que des négociations étaient ouvertes avec le ridicule parlement établi par l'usurpateur, les amiraux Monk, Dean, Pen et Lawson furent attaqués par Tromp sur les côtes de Flandres, le 3 juin de cette même année 1653. Le nombre des vaisseaux était, de chaque côté, d'environ cent, et l'action se soutint jusqu'à la nuit, qui sépara les deux flottes.

Le lendemain elle recommença ; mais

Blake vint se joindre à ses compatriotes avec dix-huit vaisseaux. L'intrépide Tromp fut forcé de céder au nombre, et poursuivi jusque sur les côtes de Hollande, sans toutefois que l'on pût précisément dire qu'il eût été vaincu.

A peine eut-il réparé les vaisseaux, que, bravant cette même supériorité, il sortit du Texel, et vint attaquer les Anglais, le 29 juillet. La bataille dura depuis le matin jusqu'à la nuit, sans qu'aucun parti eût l'avantage. Le lendemain, Tromp reçut un renfort de vingt-sept vaisseaux, qui rendit les forces plus égales ; mais la victoire fut encore indécise. Enfin, le troisième jour Tromp recommença le combat, en déclarant qu'il voulait perdre la vie ou remporter la victoire. Peu de temps après, une balle de mousquet vint lui percer le cœur, tandis que, l'épée à la main sur le pont de son vaisseau, il exhortait ses braves à se signaler. Sa mort eut pour les Hollandais de funestes résultats ; elle découragea les équipages. Trente vaisseaux furent pris ou coulés à fond. Sur l'un des premiers se trouvait le vice-amiral Evertzen. Dewitzen, autre vice - amiral, donna le signal de la retraite. Les Anglais ne perdirent que deux vaisseaux.

Cromwell voulut que la flotte victorieuse fût promptement réparée. Elle le fut, et les Hollandais, accablés de leurs pertes et de la mort du grand Tromp, allaient éprouver de nouveaux désastres, lorsqu'une tempête endommagea considérablement la flotte anglaise. Cromwel résolut alors, pour ne pas faire murmurer le peuple par la demande de nouveaux subsides, d'accorder la paix aux États-Généraux; mais il la signa l'année suivante (1654) en vainqueur. Les Hollandais consentirent au salut du pavillon, dont le refus avait été le prétexte plutôt que la cause de tant de combats acharnés ; ils abandonnèrent Charles II, payèrent, comme dédommagement, 85,000 livres sterling, et rendirent à la compagnie anglaise des Indes orientales l'île de Poleron.

Mort de Cromwell.

CET homme extraordinaire, dont les grands talens ne sont nullement contestés par ceux mêmes qui détestent le plus son infâme hypocrisie, ses attentats et la part affreuse qu'il eut à l'assassinat de son roi, Cromwell était parvenu, en 1658, au comble de la puissance : il avait triomphé des Hollandais, des Espagnols ; ses troupes avaient concouru, à la bataille des Dunes, à la victoire remportée par Turenne, et il avait obtenu pour sa part du succès la ville de Dunkerque. Par lui, le pays qu'il appelait toujours la *république d'Angleterre* était respecté, craint dans toute l'Europe. Rien semblait ne pouvoir accroître son bonheur ; et cependant, par un heureux effet des crimes de la tyrannie, même triomphante, il éprouvait les infortunes les plus réelles.

Il s'apercevait que tous les partis, parvenus enfin à le connaître, le détestaient. Il n'osait plus compter qu'à peine sur l'appui de l'armée, qui avait tant contribué à son élévation. On conspirait sans cesse contre lui, et il connaissait trop les fanatiques , dont lui même avait si souvent tiré parti, pour ne pas être dans de continuelles inquiétudes. Il est satisfaisant de pouvoir retracer ici quelques traits de ses angoisses , et de prouver que la scélératesse ne triomphe par toujours impunément. Sans cesse armé d'un pistolet , il se faisait escorter dans ses voyages à Hamptoncourt par des domestiques également armés. Il marchait très-vite , changeait très-fréquemment de chambre à coucher , et plaçait des gardes , dont il se croyait sûr , à la porte de celle qu'il avait choisie pour la nuit; on ne pouvait l'aborder qu'avec d'extrêmes difficultés.

Mais sa plus grande douleur était de se voir en exécration à ses partisans , à ses complices et même à sa propre famille. L'une de ses filles, mariée à Fletwood, partageait les sentimens de cet homme, et abhorrait la tyrannie de son père. La fille qu'il chérissait le plus, Claypole, qui portait le titre de lady , lui marqua pendant une maladie de langueur, dont elle mourut, toute l'aversion que ses crimes lui inspiraient. Tous ces sujets de peine, et peut-être aussi les remords, que, du moins quelquefois, il n'était pas impossible qu'il éprouvât, altérèrent enfin sa santé.

Au mois d'août 1658, il éprouva dans Hamptoncourt une attaque de fièvre tierce. Transporté à Withehall, il demanda un jour à Goodwin, son chapelain, si les élus pouvaient jamais devenir des réprouvés. Cet homme lui répondit que non. « En ce cas, » reprit Cromwell, je dois être tranquille » sur mon sort, car je suis certain qu'autre- » fois j'ai été en état de grâce. » Etait-ce en- core là un nouveau trait d'hypocrisie ? On peut le croire d'après ce qui va être ajouté. Ses médecins l'ayant averti qu'ils désespéraient de ses jours, il leur cria d'un ton très-ému : « Non, je ne mourrai point de cette mala- » die. Les âmes privilégiées, qui ont avec le » Seigneur des communications intimes, ont » joint leurs prières aux miennes, et le Sei- » gneur nous a exaucés. » Un de ces méde- cins, plus hardi que les autres, ne put s'empê- cher de lui témoigner sa surprise de ce qu'il montrait tant d'assurance lorsqu'il était condamné par la faculté, et lorsque tout annonçait sa fin prochaine. Jetant alors le masque, Cromwell lui répondit ces paroles, qui expliquent sa conduite. « Vous n'y en- » tendez rien ; j'ai mes raisons pour m'expri- » mer de la sorte. Si je meurs, qu'importe » que j'aie mal prophétisé ! Si au contraire je

» recouvre la santé ; car enfin vous n'êtes pas
» infaillibles ; ne voyez-vous pas que me
» voici consideré par les Anglais comme un
» homme doué de l'esprit de divination ,
» comme un favori du Seigneur ? alors je ferai
» d'eux tout ce que je voudrai. »

Le mal avait fait les plus grands progrès ,
et Cromwell paraissait presque insensible ,
lorsqu'une députation de son conseil lui demanda s'il ne désirait pas que son fils
Richard fût protecteur après lui. Il ne put
que répondre *oui*, d'une voix faible , et expira
le 3 septembre (1) , jour anniversaire de
ceux où il avait remporté les victoires de
Dunbar et de Worcester. Il avait alors cin-
quante-neuf ans.

______

(1) Il mourut pendant un orage épouvantable ,
dont Waller tira un grand parti dans une très-
belle pièce de vers qu'il fit sur sa mort. Waller
était son parent : après la restauration , il présenta
sur cet événement fortuné une autre pièce de vers
à Charles II, dont il chantait les louanges. Ce
prince lui reprocha malignement qu'elle ne valait
pas celle où il avait déploré la mort de Cromwell ; mais Waller se tira de cette situation épi-
neuse par un des plus heureux à-propos qui jamais aient été dits. « Sire , répondit-il , nous
» autres poëtes, nous réussissons toujours mieux
» dans les fictions que dans la vérité. »

K

Monk. Charles II est reconnu roi. Supplice de plusieurs régicides.

Monk avait d'abord servi dans l'armée de Charles Ier contre le parlement, en qualité de colonel. Il fut pris, en 1643, à Nantwich, et s'enrôla sous les drapeaux des républicains ; mais jamais il n'eut une conduite qui pût les rassurer.

Après la mort de Cromwell, il fit paraître plus qu'auparavant ses sentimens secrets. Richard Cromwell, fils du protecteur, fut forcé d'abdiquer, et Monk profita de cette circonstance. En 1659, il vint d'Ecosse à Londres à la tête d'une armée qui lui était dévouée, toujours sous le prétexte de soutenir la cause du parlement. On pénétra facilement ses desseins : il ne garda plus de mesure.

Le peuple était las du despotisme que Cromwell avait fait peser sur lui ; l'anarchie qui s'en était suivie ne le fatiguait pas moins, et il ne jetait qu'avec frayeur ses regards dans l'avenir. Monk profita de toutes ces circonstances ; il fit décider qu'un nouveau parlement s'assemblerait ; et dès lors ses desseins secrets n'éprouvèrent plus d'obstacles.

Ce parlement commença ses séances le 25 avril de l'année 1660. Les royalistes y étaient en majorité. Dès la seconde séance, on vit arriver de Bruxelles sir John Granville, chargé par le roi Charles II d'une lettre adressée au conseil d'état et à ces officiers de l'armée, qui avaient exercé pendant les troubles une si grande influence sur la nation. Ce roi nommait de plus Monk généralissime. Il promettait une amnistie entière, n'exceptant que les personnes jugées par le parlement lui-même indignes de pardon. Il faisait, en outre, les autres concessions qui pouvaient lever toutes les difficultés.

Le parlement, alors composé comme avant la révolution, de deux chambres, annula tout ce qui s'était fait de contraire à l'autorité et à la prérogative royale. L'armée, la flotte et la cité de Londres votèrent des adresses à Charles II ; et le 8 mai il fut solennellement proclamé dans la capitale.

Charles était alors à La Haye ; des députés se rendirent près de lui ; le 16 du même mois, il leur donna audience aussi bien qu'aux principaux officiers de la flotte, et le 23, il quitta la Hollande pour revenir dans ses états.

Le 26, il mit pied à terre dans la ville de Douvres, où il trouva une grande partie de la population de Londres et des lieux environnans. Monk ne manqua pas de présider cette réunion ; Charles II l'embrassa et lui donna le nom de père. Il se rendit ensuite à Cantorbery, où il décora le généralissime de l'ordre de la Jarretière. Enfin le 29 de ce même mois de mai, jour de son anniversaire, Charles rentra dans le palais de Whitehall, qui devait lui rappeler tant de terribles souvenirs. Le peuple était dans l'ivresse de la joie ; et nul tumulte ne troubla cette grande et mémorable journée. Charles II n'avait alors que trente ans.

On passa un bill d'amnistie, ainsi qu'on l'avait arrêté ; mais on en excepta formellement quarante-un individus qui avaient condamné Charles Ier. Sur ce nombre, vingt-quatre, y compris Olivier Cromwell, étaient déjà morts ; on prononça la confiscation de leurs biens. Quelques autres furent condamnés à une amende, et déclarés incapables de posséder aucun emploi. Par une exception formelle, ces peines ne s'étendirent point à Ingoldsby et à Tomlinson. Le premier avait

Il débarque à Douvres aux acclamations
du Peuple.

concouru de tous ses efforts à la restauration; le second, touché des vertus et de la magnanimité que Charles Ier avait fait paraître à ses derniers momens, avait alors abjuré la cause de ses complices, et ce roi, par un message, l'avait recommandé à son fils. On excepta également de l'amnistie le général Lambert et sir Henri Vane (le même que Cromwell avait si brutalement et si singulièrement apostrophé lorsqu'il avait mis le parlement à la porte). Ni l'un ni l'autre n'avaient siégé parmi les juges de Charles Ier; mais leurs opinions fortement prononcées contre la restauration, leur avaient mérité ce traitement rigoureux.

On procéda ensuite à la condamnation des régicides, parmi lesquels on comprenait non seulement les juges, mais tous ceux qui avaient pris une part active à l'assassinat de Charles Ier. Leur nombre alors se trouva de quatre-vingt-dix. Il en était mort vingt-cinq: vingt-neuf s'étaient enfuis hors de l'Angleterre ; sept furent jugés dignes de pardon ; les vingt-neuf autres furent condamnés à mort; mais dix-neuf obtinrent un sursis, parce que, se conformant à la proclamation, ils s'étaient constitués d'eux-mêmes prisonniers. Les dix qui subirent la mort furent

Harrison , Coke, Carren , Scot , Peters , Axtel, Hacker, Scrope , Clément et Jones. Ils souffrirent la mort avec courage ; et l'on exerça contre eux des cruautés d'autant plus odieuses, qu'elles attirèrent quelque compassion sur ces hommes qui n'en méritaient aucune.

L'année suivante , le parlement d'Ecosse , pour donner à Charles II des preuves de son zèle , condamna le marquis d'Argyle à être décapité , comme partisan de l'usurpation. Il fut convaincu, parce que l'on produisit au procès des lettres qu'il avait précédemment écrites à Monk. Ce seigneur, alors créé duc d'Albemarle, souilla ainsi son caractère en devenant le dénonciateur d'un ancien ami.

Enfin l'année suivante (1662), Downing, ministre d'Angleterre près des Etats-Unis et ancien chapelain d'un régiment au service de la république, découvrit et fit arrêter à La Haye les trois régicides Berkstead, Cobbet et Okey. Ils furent exécutés à Tyburn, et moururent sans se plaindre. Vane et Lambert furent aussi mis en jugement : le premier périt ; mais Lambert s'étant montré fort soumis pendant l'instruction·de son procès, fut déporté à Guernesey, où il vécut encore trente ans.

Coup-d'œil sur les batailles navales entre les Anglais et les Hollandais, sous le règne de Charles II.

CES batailles ne furent pas moins terribles que celles qui eurent lieu du temps de Cromwell : on ne pourra manquer d'en convenir après en avoir lu le récit.

Au mois d'avril 1664, les communes d'Angleterre se plaignirent au roi Charles II que les Hollandais exerçaient des actes oppressifs, tant aux Indes qu'en Afrique et dans d'autres colonies, contre le commerce de l'Angleterre. Le roi, qui ne demandait pas mieux que de seconder les efforts de ses peuples contre une nation qui excitait leur jalousie, fit demander une réparation aux Etats-Généraux, tandis qu'on envoyait sir Robert Holme avec une escadre attaquer les établissemens hollandais. Il les chassa du Cap-Verd, érigea un fort à l'embouchure de la rivière de Gambie en Afrique, puis s'empara de la Nouvelle-Hollande, à laquelle il donna le nom de Nouvelle-York. Il prit en outre un grand nombre de vaisseaux marchands.

Cependant cette attaque était si subite que

dans ce moment même sir Jean Lawson et le fameux Ruyter avaient uni leurs escadres pour donner la chasse aux corsaires algériens. Ruyter, par ordre des Etats-Généraux, fit voile pour les Colonies, où les Anglais avaient paru, les en chassa, ruina quelques-uns de leurs établissemens, prit ceux de leurs vaisseaux qu'il put rencontrer, et ne fut repoussé qu'à la Barbade.

Les deux gouvernemens négocièrent ; et toutefois le duc d'York prit cent trente vaisseaux marchands au mois de novembre. Ils furent déclarés de bonne prise, quoique la guerre ne fût pas déclarée. Louis XIV, à la prière des Hollandais, offrit sa médiation. Ses efforts n'eurent aucun succès.

En mai 1665, le duc d'York prévint la flotte hollandaise, prit aux environs du Texel un grand nombre de navires marchands qui revenaient dans les ports de la mère patrie, puis revint à la rade d'Harwich. A peine y était-il que les flottes de Hollande et de Zélande se réunirent. Elles formaient cent vingt-un vaisseaux, les brûlots non compris, et avaient Opdam pour amiral ; sous lui servaient en qualité de vice-amiraux de Cortenaer, Evertzen, et Corneille Van Tromp qui se montra bientôt digne fils de

Martin Tromp. Jean de Witt, grand-pensionnaire, et ennemi de la maison d'Orange, mit cet armement formidable en état de tenir la mer.

Opdam découvrit près de Colchester la flotte anglaise ; mais le vent changea, et il revint à l'embouchure de la Meuse, où il reçut des Etats-Généraux l'ordre d'attaquer les ennemis, *sous peine de mort*, quel que fût le vent. En peu d'heures, le 3 juin, il fut près d'eux. La flotte anglaise comptait, outre ses brûlots, cent quatorze vaisseaux. Elle avait pour amiral le duc d'York, secondé des talens des vice-amiraux le prince Robert, le comte de Sandwich, Penn, Lawson, Ayscue et quelques autres.

Dès quatre heures du matin on était aux prises. Le duc d'York qui, depuis couronné sous le nom de Jacques II, donna tant de preuves de faiblesse, déploya en cette action autant de bravoure que de connaissances. Il combattait Opdam de très-près, et trois officiers supérieurs périrent d'un boulet à côté de lui. Leur sang et leur cervelle rejaillirent sur ses habits, sans que sa constance fût ébranlée. Enfin Opdam sauta avec son vaisseau ; mais dans ces combats acharnés où l'on voyait souvent les chefs transporter leur pavillon d'un vaisseau hors d'état de combattre sur quelque autre , un tel événement n'eut point sur la bataille une influence décisive. Cortenaer arbora le pavillon amiral , et bientôt périt aussi. La victoire, long-temps disputée, se déclara enfin pour les Anglais. Dix-neuf vaisseaux hollandais furent coulés à fond ou brûlés. Leur perte entraîna celle d'environ six mille hommes. Les Anglais avouèrent une perte de quatre vaisseaux et de quinze cents hommes , parmi lesquels était le vice-amiral Lawson , qui fut regretté et méritait de l'être. Corneille Tromp sauva le reste de la flotte par ses belles manœuvres et son courage. On assure que l'inexécution des ordres du duc fut cause que l'on ne poursuivit pas vigoureusement l'ennemi. Pendant qu'il prenait quelque repos , on ralentit les voiles. Brouncker, gentilhomme de la chambre du duc, donna cet ordre à l'amiral Penn, au nom de son maître. On ajoute qu'éveillé et s'apercevant de cette manœuvre, Jacques chassa Brouncker de sa présence ; mais d'autres soutiennent qu'il n'avait point été étranger à ces dispositions , parce qu'il avait réfléchi sur ce que Penn venait de lui dire. Cet officier avait déclaré qu'on devait se préparer à une action encore plus terrible que la première, parce que jamais les Hollandais ne combattaient avec plus de courage que quand le désespoir accroissait leurs forces. Quoi qu'il en soit, le duc revint à Londres, et fut reçu avec des acclamations universelles. Telle était l'affection qu'il inspirait alors, que le roi et son conseil, cédant au vœu général, et sans écouter aucun sentiment de jalousie, ne permirent pas que ce prince, héritier présomptif du trône, s'exposât à de nouveaux dangers. Le comte de Sandwich fut nommé amiral.

Les Anglais avaient tenté sans succès de s'emparer de deux flottes marchandes hollandaises, lorsque Ruyter revint d'Amérique avec une grande quantité de prises. Il fut aussitôt nommé amiral-général, et prit le commandement de quatre-vingt-treize vaisseaux. Corneille de Witt, frère du pensionnaire, monta sur la flotte, et partit avec lui du Texel. A Berghen en Norvège, ils prirent sous leur escorte les flottes qui s'y étaient réunies pour éviter les Anglais ; mais au retour une tempête qui les dispersa fut cause que plusieurs navires tombèrent au pouvoir des ennemis.

Ni la perte de cent mille habitans que la peste fit périr à Londres cette année, ni la déclaration de guerre de la France, ne purent ralentir les préparatifs des Anglais.

Le prince Robert et Monk, duc d'Albemarle, furent, en 1666, nommés amiraux. Le premier avec quarante vaisseaux alla vers Belle-Isle pour y combattre le duc de Beaufort, qui, disait-on, y était avec trente-six vaisseaux, et prêt à se joindre aux Hollandais. A peine le départ du prince eut-il affaibli le duc d'Albemarle, que le 1er juin Ruyter, ayant sous lui Evertzen et Tromp, parut entre Nieuport et Dunkerque, avec soixante-onze vaisseaux, douze frégates, treize brûlots et huit yachts. Malgré son infériorité, le duc attaqua courageusement l'ennemi. Tromp d'abord, puis Ruyter, serrèrent quelque temps leurs pavillons, parce que le feu de l'ennemi leur faisait craindre d'être engloutis dans la mer. Un de leurs bâtimens sauta, et Evertzen fut tué d'un boulet; mais du côté des Anglais, sir Berkeley, commandant l'arrière-garde, perdit aussi la vie, et son vaisseau fut pris. La nuit sépara les combattans, et l'action recommença dès le lendemain. On montra de nouveau un acharnement extrême. Tromp, emporté par son courage, ou plutôt par sa témérité, allait être pris, lorsque Ruyter vint le dégager : action d'autant plus belle qu'ils étaient rivaux de gloire et de deux factions différentes. Au moment où les Anglais n'avaient plus que vingt-huit vaisseaux en état de service, les Hollandais reçurent un renfort de seize. Il fallut bien alors que malgré sa valeur Monk se retirât. Il ne put être atteint que le soir, et un calme qui survint très-à-propos le sauva. Le troisième jour il fit les dispositions les plus prudentes, et vers deux heures après midi, lorsque l'action était inévitable, le duc aperçut au sud l'escadre du prince Robert venant à son aide. Le vent étant défavorable au duc, il se fit remorquer pour s'approcher plus promptement de ses compatriotes ; mais le vice-amiral Ayscue ayant touché contre les sables de Galloper, fut entouré et pris avec un superbe vaisseau de cent pièces de canon.

Le lendemain commença la quatrième bataille avec autant de furie de part et d'autre que si l'on n'eût pas encore combattu ; les Anglais furent obligés de céder après avoir eu plusieurs de leurs plus grands vaisseaux pris ou coulés par l'ennemi. Un brouillard épais empêcha que leur perte ne fût plus considérable.

Forcés de se reconnaître battus, ils redoublèrent d'efforts , et cinquante jours après la dernière de tant d'actions meurtrières , le duc d'Albemarle et le prince Robert rencontrèrent vers l'embouchure de la Tamise , Ruyter avec quatre-vingt-huit vaisseaux et dix-neuf brûlots ; ils avaient plus de cent vaisseaux. Le vice - amiral Thomas Allen battit l'avant-garde ennemie, qui perdit trois vice-amiraux ; mais sir Smith fut battu par Tromp. Celui-ci s'écarta si loin du reste de la flotte , que Ruyter fut forcé de combattre jusqu'à la nuit et le lendemain avec des forces très-inférieures. Sa retraite audacieuse et savante fut considérée comme égale à une victoire. Il était rentré à Flessingue , et Tromp revint au Texel. Ruyter , irrité, se plaignit formellement de lui. On pensa que leur rivalité de gloire et de faction , et aussi le dépit qu'avait Tromp de n'occuper que le second rang sous un homme qui avait obéi à son père , avaient été le principe de sa contravention aux lois de la discipline , et quelque désavantage qu'il y eût à se priver de ses services, il fut remplacé. Holme, détaché par le duc d'Albemarle , prit ou brûla dans des rades plusieurs vaisseaux , et une épidémie qui fit périr un grand nombre de matelots de Ruyter , manqua de l'enlever lui-même. Rappelé en Hollande, il ne put opérer sa jonction avec le duc de Beaufort.

On parla de paix, et les négociations avancèrent tellement que Charles II la crut assurée ; dans cette persuasion il fit désarmer la plupart des vaisseaux, et ne conserva qu'une faible escadre. Cependant la guerre durait toujours : le vigilant de Witt résolut de porter aux Anglais un coup terrible, et surtout humiliant ; il y réussit en confiant à Ruyter l'exécution de son projet.

En 1667 ce grand homme partit du Texel avec cinquante vaisseaux de ligne, arriva le 10 juin à l'embouchure de la Tamise. Bientôt il s'empare du fort de Sheerness, brise une chaîne qui barrait l'entrée de la rivière Medway, et détruit d'abord trois grands vaisseaux. Animé par ce succès, il passe parmi ceux que le duc d'Albemarle avait fait couler à fond pour arrêter sa marche victorieuse, et s'avance jusqu'au château d'Upnore, dont il se rend maître. Là il brûle encore trois vaisseaux de ligne, et s'avance toujours. Dans cette alarme générale les Anglais se décident à de nouveaux sacrifices : ils coulent encore des vaisseaux à Wolwick et à Blackwal. De toutes parts ils se fortifient sur les côtes ; enfin ils vont jusqu'à mettre

Londres en état de défense. Ruyter, aussi prudent que brave, calcule les dangers qui l'attendent; il voit les obstacles se multiplier, et prend le parti de regagner la mer; mais sa retraite n'a rien que de triomphant: nulle part il n'est arrêté; et après avoir ainsi bravé les Anglais au sein même de leur pays, et si près de la capitale, il va insulter Portsmouth, et prendre à Torbay plusieurs vaisseaux. Plymouth et Harwich sont à leur tour visités; il chasse devant lui l'escadre de l'amiral Sprague; enfin il pénètre encore dans la Tamise, et les dégâts se renouvellent aussi bien que les terreurs des Anglais qui, non sans raison, se plaignent d'avoir été, par de mauvaises mesures et de la négligence, exposés à de si graves insultes et à tant de pertes importantes.

Ruyter conserva sa supériorité, et fut maître de la mer jusqu'à la paix. Elle fut enfin conclue à Breda, sur les bases d'une égalité glorieuse pour la Hollande, et due principalement à la brillante expédition de son illustre amiral.

Guillaume, prince d'Orange, détrône Jacques II, son beau-père, et est reconnu roi d'Angleterre, sous le nom Guillaume III.

Quoique la nation Anglaise eût plus d'une fois murmuré contre les prodigalités et l'administration de Charles II, cependant ce prince, que l'on appelle encore aujourd'hui *le joyeux roi* (the merry king), avait dans le caractère tant de douceur et d'amabilité, que durant sa vie le pouvoir royal ne souffrit aucune atteinte. Il n'en fut pas ainsi lorsque Jacques duc d'York, son frère, lui succéda sous le titre de Jacques II. Tous les historiens rapportent comme un fait incontestable, qu'un jour on entendit Charles II lui dire: « Quand vous serez roi vous pourrez, » si vous voulez, recommencer vos voyages ; » moi je suis maintenant trop vieux pour » m'y résoudre. »

Jacques dès lors avait soulevé contre lui une partie du peuple. L'ambition de Guillaume, prince d'Orange, qui avait épousé sa fille Marie, ne tarda pas à lui faire perdre la couronne. Jacques régnait depuis trois ans seulement, lorsqu'en 1688, Guillaume, fort de l'appui d'un grand nombre de seigneurs mécontens, déclara qu'il se disposait à rendre au peuple Anglais ses libertés, attaquées par Jacques II. Sous prétexte que la guerre allait recommencer avec la France, il arma une flotte de cinquante vaisseaux de guerre, avec un grand nombre de bâtimens de transport. Les villes maritimes de Hollande secondèrent ses efforts contre un roi catholique dont ils avaient éprouvé le courage dans les dernieres batailles navales entre les deux pays. Jacques fut alarmé; mais donnant sa confiance à des ministres qui le trahissaient, il refusa un secours de trente mille Français que Louis XIV lui faisait offrir pour le préserver de toute invasion. Il se contenta de faire faire aux Etats-Généraux de Hollande des remontrances qui furent éludées. Guillaume se fit précéder d'un manifeste, et s'embarqua sans avoir près de lui plus de treize cents hommes de troupes, y compris trois cents officiers français de la religion protestante, dont le chef était le fameux comte Schomberg. Guillaume avait fait écrire autour de ses armes ces mots : « *La religion pro-*

testante et les libertés de l'Angleterre, » avec sa divise: « *Je maintiendrai.* »

Le commencement de son expédition ne fut pas heureux. A peine avait-il fait quelques lieues en mer, que le vent lui devint contraire, et qu'il éprouva pendant deux jours une affreuse tempête. Une semaine suffit à peine pour que ses vaisseaux dispersés pussent se réunir ; et les Etats-Généraux, pour mieux tromper Jacques II, affectèrent d'exagérer dans les papiers publics les avaries essuyées par la flotte.

Ce stratagème eut tout le succès que Guillaume s'en promettait : on avait publié qu'il ne pourrait se remettre en mer qu'au printemps de l'année suivante ; et il partit de nouveau quelques jours après.

Rembarqué le 1er novembre, il résolut d'aborder à l'embouchure de la rivière de Humber ; mais les vents contraires ne le lui permirent pas. Il eut toutefois le bonheur de ne pas rencontrer la flotte du roi d'Angleterre, qui, plus considérable que la sienne, était stationnaire à Gunfleet, sous les ordres du comte d'Artmouth. Le 5 novembre Guillaume prit terre à Torbay. Il se mit en marche pour Exeter; et pendant dix jours qu'il y demeura ne fut joint par aucun Anglais de

distinction. Il allait se rembarquer , lorsque
enfin ses partisans commencèrent à se rendre
près de lui.

Jacques II alla trouver son armée , qu'il
avait rassemblée à Salisbury ; mais bientôt il revint à Londres. Son indécision
et ses fausses mesures , autant que l'activité
de Guillaume , furent cause que la révolte se
manifesta de toutes partes ; mais ce qui fut
le plus sensible à Jacques , ce fut l'abandon
d'Anne , sa fille chérie , épouse du prince de
Danemarck. Lorsqu'il apprit qu'elle s'était
secrétement enfuie de Whitehall pour se
rendre à Oxford , il répandit des larmes et
s'écria dans l'amertume de sa douleur: «Que
» Dieu vienne à mon aide ! mes propres en-
» fans m'abandonnent! »

Des négociations eurent lieu entre lui et
son gendre , et elles ne rendirent que plus
critique la situation de Jacques. On rapporte
qu'un jour il s'adressa au comte de Bedford
et implora ses services. « Sire , lui répondit
» ce lord, je suis vieux, faible et hors d'état
» de vous être utile; mais j'avais un fils qui
» en cette crise eût pu rendre des services à
» votre majesté. » Jacques ne put rien répondre à ces paroles. En effet, ce fils dont parlait Bedford était lord Russel, décapité sous

le règne de Charles II, et à la mort duquel Jacques n'avait pas peu contribué.

On avait déjà plus d'une fois attaqué publiquement comme illégitime la naissance du prince de Galles. La reine sa mère ne se crut plus en sûreté dans le royaume. Elle fit promettre à son époux qu'il ne tarderait point à la suivre; et malgré une forte pluie, s'embarqua dans un bateau découvert, avec son fils, pour passer en France. Arrivée à Gravesend, elle y trouva un petit vaisseau qui la conduisit à Calais. De là, elle se rendit à Versailles, où Louis XIV la reçut avec autant de bienveillance que de générosité. (1)

---

(1) « La reine d'Angleterre, dit Voltaire dans son admirable *Siècle de Louis XIV*, arrivée avant son mari, fut étonnée de la splendeur qui environnait le roi de France, de cette profusion de magnificence qu'on voyait à Versailles, et surtout de la manière dont elle fut reçue. Le roi alla au-devant d'elle jusqu'à Chatou. « Je vous » rends, madame, lui dit-il, un triste service; » mais j'espère vous en rendre bientôt de plus » grands et de plus heureux. » Ce furent ses propres paroles. Il la conduisit au château de Saint-Germain, où elle trouva le même service qu'aurait eu la reine de France; tout ce qui sert à la com-

Cependant l'infortuné Jacques, se voyant de tous côtés trahi et abandonné, prit le parti de congédier une armée qui de jour en jour se prononçait davantage en faveur de son gendre, devenu son cruel ennemi, et sur laquelle il ne comptait plus ; puis sous l'habit le plus simple, il se mit dans une barque avec deux seigneurs et un domestique. Un vaisseau l'attendait à l'embouchure de la Tamise, et il présumait que son absence jetterait l'Angleterre dans un trouble dont il profiterait.

Effectivement on s'alarma beaucoup quand on vit qu'il avait disparu. On le reconnut à Feversham, et on le supplia de revenir dans son palais. Il y consentit, et le peuple de Londres célébra son retour avec des acclamations de joie. Il semblait que jamais on n'avait conçu le moindre mécontentement envers lui.

Mais ce retour de la faveur populaire dura fort peu de temps. Guillaume, résolu de tout risquer pour parvenir à son but, lui fit dire

---

modité et au luxe, des présens de toute espèce, en argent, en or, en vaisselle, en bijoux, en étoffes. Il y avait parmi tous ces présens une bourse de dix mille louis d'or sur sa toilette. »

de se rendre à Richemond; et aussitôt il ordonna aux troupes hollandaises de s'emparer
du palais du roi. Jacques se soumit, et demanda seulement qu'on lui permît d'aller
non à Richemond, mais à Rochester. Son
gendre comprit qu'il avait l'intention de
quitter l'Angleterre, et rien ne pouvait mieux
s'accorder avec ses désirs secrets. Jacques
partit de Londres dès le lendemain, avec
quelques seigneurs et une escorte hollandaise. Le même jour, Guillaume s'établit au
palais de St.-James, et reçut un grand nombre de félicitations.

Jacques, entièrement abandonné, craignit
pour sa vie. Il s'enfuit de Rochester le 23 décembre, et parvint à se rendre sur les côtes
de France. Débarqué à Ambleteuse, il alla
retrouver à St.-Germain la reine et le prince
de Galles. Sa fuite acheva de consolider le
pouvoir de Guillaume. Ce prince commença
par gouverner sans prendre le titre de roi;
mais les communes déclarèrent le trône va-
cant par la désertion de Jacques II. La chambre haute suivit la même impulsion, et enfin
Guillaume et Marie furent solennellement
reconnus roi et reine d'Angleterre, le 13
février 1689.

Jacques II se comporta de manière à ne

pas inspirer d'autres sentimens qu'une triste et froide pitié. Les courtisans de Louis XIV, et les particuliers même, tournèrent en ridicule un roi détrôné qui, au lieu de seconder autant qu'il était en lui les vues d'un allié magnanime, passait tout son temps à conférer avec des Jésuites sur des matières de dogme. Il faut bien rapporter ici le mot de Le Tellier, archevêque de Reims et frère de Louvois, puisqu'il se trouve partout. « Voilà, » dit ce prélat tout haut dans l'anticham- » bre même de Jacques, à St.-Germain, un » prince bien dévot. Il a sacrifié trois royau- » mes pour une messe. » Quelque juste que fût ce mot, on devrait s'étonner qu'il fût sorti de la bouche d'un ecclésiastique consti- tué en dignité, si d'ailleurs on ne savait avec quelle facilité l'archevêque de Reims s'af- franchissait des devoirs de son état, pour n'être qu'un courtisan plein de faste et de vanité.

Bataille de la Boyne, gagnée par Guillaume III sur Jacques II.

PUISSAMMENT secouru par son magnanime protecteur Louis XIV, le roi Jacques avait débarqué en Irlande et était à la tête d'une armée de Français et d'Irlandais, lorsque son gendre, Guillaume III, qui l'avait chassé du trône, se rendit aussi dans cette contrée en juillet 1690, pour le combattre. Des généraux proposèrent à ce dernier de temporiser; mais il leur déclara « qu'il n'était pas venu » en Irlande pour laisser croître l'herbe sous » ses pieds. » En conséquence, il fit à Lough-brilland la revue de son armée, qu'il trouva forte de trente-six mille hommes bien pourvus de tout, et parfaitement disposés à combattre. Il occupa successivement Dundalck et Ardek, abandonnés à son approche par les troupes de Jacques.

Ce prince qui long-temps n'avait pas cru à l'arrivée de son adversaire, partit de Dublin avec un renfort de six mille Français débarqués depuis peu, et ayant rejoint le reste

de ses troupes, se vit à la tête d'une armée
à peu près égale en nombre à celle de
Guillaume, outre environ quinze mille hommes qui formaient des garnisons. Il occupa
sur les bords de la rivière de Boyne un poste
très-avantageux, et résolut de livrer bataille,
malgré les conseils de ses officiers. Ceux-ci
le pressaient d'attendre que les frégates françaises eussent détruit les vaisseaux de transport qui apportaient des munitions à l'armée
anglaise ; mais Jacques avait dans ses forces
et dans sa situation une confiance qui ne lui
permettait pas de différer le combat.

Un événement inattendu faillit lui donner la victoire, sans même que le combat
fût engagé. Guillaume s'avança pour reconnaître l'armée ennemie, d'une rive à l'autre,
et reçut le feu de plusieurs pièces de campagne, dirigées à dessein contre sa personne ; un
homme et deux chevaux furent tués très-
près de lui, et un boulet, en se relevant, lui
fit à l'épaule droite une forte contusion,
déchira son habit et emporta une partie de
ses cheveux. Il ne montra aucune émotion ;
mais la frayeur des personnes de sa suite fit
croire aux soldats de Jacques que Guillaume était tué. Tous poussèrent des cris de
joie, et ils parurent disposés à attaquer. Ce

bruit se répandit jusqu'à Dublin, et de là en France.

Guillaume, pour dissiper la consternation de son armée, parcourut à cheval tous les rangs, et déclara son intention d'attaquer l'ennemi. On fit les dispositions nécessaires, et Guillaume donna ordre à ses soldats de mettre à leurs chapeaux des branches de verdure pendant l'action, afin de se distinguer des ennemis. Précaution qui comme toutes celles de la même espèce annonçait que des compatriotes allaient en venir aux mains. Il y avait en effet dans chaque armée des Anglais, des Irlandais et même des Français.

Dès la pointe du jour le fameux Schomberg, qui depuis la révocation de l'édit de Nantes avait abandonné son titre de maréchal de France pour celui de duc en Angleterre, passa la Boyne, avec le général Douglas et d'autres officiers de Guillaume, au pont de Slane. Ils virent alors l'ennemi en bon ordre et défendu par un marais. Douglas ayant reçu du renfort, marcha aussitôt à travers ce marais même, tandis que Schomberg à la tête de la cavalerie allait prendre l'ennemi en flanc. Les Irlandais prirent la fuite avant d'être attaqués; et Schomberg ne put atteindre que leur arrière-garde, à laquelle il fit éprouver une grande perte. Guillaume passa la rivière avec le centre de son armée, composé de ses gardes hollandais, de régimens de Français réfugiés, et de quelques bataillons anglais. Malgré le feu des mousquetaires français, placés derrière des haies et des maisons, ce corps s'avança et gagna la rive opposée. La cavalerie et l'infanterie irlandaise de Jacques eurent ordre de marcher en avant: l'infanterie prit honteusement la fuite; mais la cavalerie chargea, tant sur le rivage que dans la rivière même, les premiers bataillons de Guillaume. Ce fut alors que Schomberg revint se placer à la tête des protestans français, et leur dit en leur montrant les troupes de Louis XIV, ces mots tristement fameux: « Mes amis! voici vos pérsécuteurs! » Il y eut alors une mêlée furieuse, dans laquelle le duc perdit la vie, soit des mains de l'ennemi, soit, comme plusieurs auteurs le pensent, par une funeste méprise de ses propres troupes. L'armée anglaise alors éprouva du désordre; mais Guillaume s'étant avancé avec son aile gauche, composé de cavalerie danoise, hollandaise et inniskillinoise (1), sa

____

(1) Ce dernier nom doit être expliqué. C'est celui des habitans d'Inniskillin, ville d'Irlande,

vue inspira un terreur panique aux Irlandais, qui s'enfuirent au village de Dunore. Ils tinrent cependant alors avec tant de fermeté, qu'ils repoussèrent toutes les attaques, et eussent mis le corps de Guillaume dans une déroute complète, s'ils n'eussent été attaqués en flanc par quelques régimens. Ayant vu prendre leur général Hamilton, ils passèrent une seconde fois au découragement. Il n'y eut plus alors dans toute l'armée de Jacques que les corps auxiliaires français et suisses, commandés par Lauzun, qui tinssent ferme. Abandonnés à leurs propres forces, ils se retirèrent, mais en bon ordre, et après avoir combattu avec la plus rare intrépidité un ennemi très-supérieur. Leur excellente conduite fut cause que les fuyards eurent le bonheur de ne pas être poursuivis. Cette journée décisive n'en coûta pas moins aux Irlandais quinze mille hommes. Les Anglais en perdirent cinq mille, parmi lesquels, outre le brave Schomberg, il faut mentionner un chef des régimens protestans, digne de s'être associé à la fortune de ce général illustre.

---

qui s'étaient prononcés déjà avec une extrême énergie pour Guillaume, et avaient battu plus d'une fois les troupes de Jacques.

Caillemote , c'était son nom , mortellement blessé et transporté par quatre soldats de l'autre côté de la Boyne , criait d'un ton ferme à tous ceux des siens qu'il rencontrait: « A la » gloire ! mes enfans, à la gloire ! » Les Français auxiliaires de Jacques perdirent le marquis d'Hocquincourt.

S'il n'a pas été parlé de ce roi pendant tout le récit de l'action, c'est qu'il n'y prit aucune part. Tandis que ses partisans risquaient leurs vies pour lui rendre la couronne, il restait immobile sur la hauteur de Dunmore, avec quelques escadrons ; aussitôt qu'il s'aperçut que la bataille était perdue, il ne songea ni à rallier ses troupes, ni à former de nouveau une armée, qui, renforcée par les garnisons , eût encore été supérieure à celle de Guillaume. Il se rendit à Dublin et déclara qu'il repassait en France. Effectivement il s'embarqua à Waterford , et se rendit à sa retraite de St.-Germain , tandis que Guillaume, victorieux , entrait dans la capitale de l'Irlande.

Les Anglais et les Hollandais sont battus sur mer par Tourville. Ils prennent à la Hogue une revanche terrible. Tourville leur fait ensuite éprouver dans la Méditerranée une perte immense.

En rapprochant les trois batailles navales qui eurent lieu dans des temps assez éloignés les uns des autres, j'aurai soin de marquer les dates. J'ai cru devoir réunir les principales actions de celui de nos illustres marins qui eut avec les Anglais les affaires les plus importantes.

En 1690, lorsque Jacques II et son gendre se disputaient en Irlande la couronne des trois royaumes, la reine Marie, régente, apprit qu'une flotte française se disposait à sortir de Brest. Aussitôt lord Torrington eut ordre de partir des Dunes, et de rassembler sous ses ordres autant de vaisseaux qu'il le pourrait. Il fut renforcé par une escadre hollandaise, et découvrit la flotte française, qui lui était encore supérieure. L'illustre Tourville la commandait en chef, et avait sous ses ordres Château-Renaud, d'Estrées, Nemond, et autres marins célèbres. Le nombre de ses vaisseaux était, indépendamment des brûlots, de soixante-douze. Les alliés n'en comptaient que cinquante-six; mais Torrington avait ordre de livrer combat s'il concevait quelque espoir de succès. Le 13 juin dès le point du jour on combattit. Les Hollandais et une division anglaise soutinrent le feu des Français; mais soit difficulté de manœuvrer, soit par un reste d'animosité contre les Hollandais, Torrington, avec le centre de sa ligne, ne prit part au combat que vers dix heures du matin. A cinq heures du soir un calme survint; mais les alliés, et surtout les Hollandais, avaient considérablement souffert. Ils firent route à l'ouest dans la nuit, et le lendemain détruisirent leurs vaisseaux hors de combat, pour qu'ils ne tombassent pas au pouvoir des Français. Tourville les poursuivit jusqu'à Rye. Près de Winchelsea un vaisseau anglais de soixante-dix canons échoua, et l'équipage fut obligé d'y mettre le feu. Au total, cette bataille coûta aux alliés dix-sept vaisseaux, dont plusieurs du premier rang. Les Hollandais perdirent les deux vice-amiraux Dick et Brackelt. Les Français n'éprouvèrent aucune perte matérielle.

Torrington s'étant réfugié dans la Tamise, vint personnellement à Londres, où tout le peuple se livrait à l'effroi. Il fut enfermé à la tour sur les plaintes multipliées des Etats-Généraux, jugé par des commissaires dont le président était sir Delaval, un de ses vice-amiraux, et acquitté au grand regret des Hollandais ; mais il ne fut plus employé.

Par suite de cette victoire navale, les Français firent une descente à Tingmouth, qu'ils brûlèrent avec plus de trente vaisseaux marchands qui étaient dans la baie.

Deux ans plus tard, en 1692, lord Russel, amiral anglais, mit à la voile de Rye, et fut joint à Sainte-Hélène par les escadres de Delaval et de Carter. Allemonde, Callemberg et Vandergoes, amiraux hollandais, l'ayant rejoint, il fit voile pour les côtes de France avec quatre-vingt-dix-neuf vaisseaux de ligne, sans compter un grand nombre de frégates et de brûlots. Il aperçut, le 19 mai, la flotte de Tourville.

Cet amiral devait protéger trois cents vaisseaux de transport chargés de vingt mille hommes qui auraient fait une descente en Angleterre. D'Estrées, avec trente autres vaisseaux de ligne, arrivait de Toulon ; mais le vent contraire ne lui permit pas d'arriver ;

et Tourville, qui avait soixante-cinq voiles,
mais seulement quarante-quatre vaisseaux de
ligne, fut obligé de lutter contre des ennemis
dont les forces étaient plus que doubles. Il
avait des ordres formels de combattre, parce
que le roi de France ne croyait pas à la jonction des deux flottes ennemies. Quand il en
eut la certitude, il expédia un contre-ordre
par deux vaisseaux ; mais l'un tomba au pouvoir des Anglais, et l'autre n'arriva que le
lendemain du combat.

Tourville montant le *Soleil-Royal*, de cent
quatre canons, attaqua vigoureusement
Russel ; mais après plus de quatre heures
d'un combat pendant lequel il avait eu
affaire à plusieurs vaisseaux à la fois, il fut
si maltraité qu'il se fit remorquer hors de la
ligne. Le combat dura cependant jusqu'à
trois heures. Alors survint un brouillard
dont les Français profitèrent pour cesser un
engagement aussi inégal. Au retour de la
clarté, Russel se porta sur les Français, et
à huit heures du soir l'action recommença.
L'amiral Carter, mortellement blessé, expira
en ordonnant à son capitaine de redoubler
d'efforts et d'énergie. Enfin, après avoir
perdu quatre vaisseaux, les Français se ré-
fugièrent vers le Conquet. Le lendemain

Russel recommença à les poursuivre , et jeta l'ancre vers la Hogue. Le 22 , à sept heures du matin, Russel attaqua de nouveau vers le Raz-d'Alderney. Le *Soleil-Royal*, démâté et poussé vers Cherbourg , fut brûlé par Delaval, ainsi que l'*Admirable*, également à trois ponts, et le *Conquérant* de quatre-vingts. Quatorze autres vaisseaux furent brûlés , soit par les Anglais , soit par leurs propres capitaines , près de la Hogue. Sir Rooke détruisit de plus un grand nombre de bâtimens de transport.

Ce combat, glorieux pour les Français autant que pour leurs ennemis , vu l'extrême inégalité des forces , fut fatal aux intéréts du roi Jacques. Louis XIV eut l'équité et la grandeur d'âme de ne pas imputer à Tourville son malheur. Il lui fit au contraire , quand il vint à Versailles , l'accueil le plus honorable et le mieux mérité.

La reine d'Angleterre régente fit de son côté des libéralités aux marins anglais , et accorda des faveurs à leurs chefs. Les communes votèrent des remerciemens à Russel et à tous ceux qui avaient combattu sous ses ordres ; puis elles examinèrent pourquoi on n'avait pas poursuivi la victoire et fait quelque descente. Russel fut donc obligé de se justifier. Il y eut des débats violens, après lesquels toutes les enquêtes furent annulées.

L'année suivante (1693), sans qu'il y eût de bataille rangée, vu l'extrême disproportion des forces, les Anglais et les Hollandais éprouvèrent des pertes très-sensibles. Tandis que leur grande flotte, après avoir parcouru le canal, revenait à Torbay, Rooke, un des vainqueurs de la Hogue, fut envoyé vers le détroit de Gibraltar avec vingt-trois vaisseaux de ligne pour protéger dans la Méditerranée le commerce de sa nation et celui de ses alliés. Il avait sous son escorte environ quatre cents bâtimens marchands, lorsque le 16 juin on découvrit, près du cap Saint-Vincent, une flotte de vaisseaux de guerre ; c'étaient ceux de Tourville, au nombre de quatre-vingts : il avait d'Estrées sous ses ordres, et Jean-Bart commandait une de ses divisions. De l'avis de Vandergoes, Rooke prit le parti d'éviter un combat qui ne pouvait se terminer que par sa ruine. Les plus petits vaisseaux eurent ordre de se refugier à Cadix et dans les ports voisins. Deux vaisseaux de ligne hollandais furent pris après une très-belle résistance contre des forces quintuples. Un vaisseau anglais et une superbe pinace furent brûlés. Tourville et d'Estrées détruisirent en outre cinquante vaisseaux marchands , et en prirent vingt. Coetlogon prit sept des plus gros navires destinés pour Smyrne, et quatre furent coulés dans la baie même de Gibraltar. Rooke réussit à s'échapper , et après avoir été jusqu'à Madère, entra dans le port de Cork en Irlande , avec environ cinquante vaisseaux, tant de guerre que marchands. On évalua la perte éprouvée par les Anglais et leurs alliés, à un million sterling (vingt-deux millions cinq cents mille francs.)

Tourville et sa flotte insultèrent Cadix , et bombardèrent Gibraltar , où les Anglais furent obligés de couler à fond leurs propres vaisseaux pour qu'ils ne fussent pas pris. Après leur avoir fait essuyer de nouvelles pertes dans plusieurs ports d'Espagne, les Français revinrent à Toulon chargés d'un riche butin.

Evénemens les plus remarquables des campagnes de Guillaume III contre la France. Mort de ce roi.

Nous avons vu Guillaume III, vainqueur à la bataille de la Boyne, ôter à son beau-père Jacques II tout espoir de recouvrer la couronne qu'il lui avait ravie. Nous allons le voir dans des situations non moins remarquables. Implacable ennemi de Louis XIV, et l'âme de toutes les ligues formées contre ce monarque, Guillaume, guerrier intrépide, saura braver la mauvaise fortune, se montrer plus redoutable qu'auparavant, après des batailles perdues, être enfin, par un singulier privilége, presque toujours battu, jamais complétement défait.

Au commencement de juin 1691, Guillaume prit le commandement de l'armée alliée, qui, par les renforts qu'elle avait reçus, se trouva plus nombreuse que la française; mais le maréchal de Luxembourg sut rendre inutile sa supériorité. Guillaume faillit périr par le crime d'un traître qui mit le feu aux fusées de plusieurs bombes; mais on prévint l'explosion. Les alliés ne manquèrent pas d'accuser Luxembourg et les Français, sans toutefois pouvoir fournir de preuves. Cette manière de combattre les ennemis n'était ni dans le caractère du célèbre antagoniste de Guillaume, ni dans celui de Louis XIV. Après quelques marches et contremarches , Guillaume quitta l'armée et se rendit à La Haye : son arrière-garde fut aussitôt défaite.

En mai 1692 , Louis XIV , dont l'armée avait été portée jusqu'à cent vingt mille hommes , fit entreprendre sous ses yeux le siége de Namur avec la moitié de ces forces. Luxembourg, à la tête de l'autre moitié , couvrait le siége de cette place, située au confluent de la Meuse et de la Sambre, et dominée par une citadelle élevée sur un roc. Ces avantages naturels et les fortifications du fameux ingénieur hollandais Coëhorn , digne émule de Vauban , rendaient Namur une des plus fortes places des Pays-Bas. La garnison de neuf mille hommes, et commandée par le prince de Barbason, savait qu'elle devait être secourue par Guillaume ; cependant après sept jours de tranchée ouverte , la ville capitula , et les troupes assiégées se retirèrent dans la citadelle. Guillaume , n'ayant pas moins de cent mille hommes, vint camper sur les bords de la Méhaigne, en face de Luxembourg. Mais le maréchal français rendit par ses savantes manœuvres toutes ses tentatives inutiles. Bientôt le fort Coëhorn, défendu par Coëhorn lui-même, et attaqué par Vauban, fut obligé de se rendre. Les fastes du génie militaire ont conservé précieusement le souvenir de cette attaque remarquable, où Coëhorn fut dangereusement blessé. Ce fort pris, la citadelle ne tint pas; ainsi Guillaume eut le dépit de savoir qu'après un siége de neuf jours, Louis entra victorieux dans la place conquise, sans qu'il eût pu l'en empêcher. Cet échec fit quelque tort à la réputation de Guillaume, et les alliés soupçonnèrent que le gouverneur les avait trahis ; mais ils ne purent le prouver.

Luxembourg, resté chef de l'armée française par le retour de Louis XIV à Versailles, avait près de Guillaume un espion nommé Millevoix. Cet homme fut découvert et forcé d'écrire, avant qu'on le pendît à un arbre, que les alliés feraient le lendemain (le 24 juillet) un fourrage général, dont les Français ne devaient pas être inquiétés. Telle fut alors la sécurité de Luxembourg, d'ailleurs malade, qu'il prit médecine ce jour-là. Tout conspirait à le faire battre; mais son activité fut parfaitement secondée par ses officiers et ses soldats. Le zèle des troupes fut en outre porté au comble par l'ardeur que montrèrent le duc de Chartres, (1) âgé seulement de quinze ans, des ducs de Bourbon et de Vendôme et du prince de Conti. On assure que le comte de Solms, qui commandait le centre des alliés, resta long-temps dans une inaction funeste à son parti, et qu'il dit, au moment où Guillaume, pressé de toutes parts par un ennemi déjà victorieux, lui envoyait demander du secours : « Je veux voir un peu com- » ment ces bull-dogs d'Angleterre s'en tire- » ront. » L'arrivée de Boufflers avec un corps de dragons, acheva d'assurer le triomphe des Français; mais Guillaume, battu, se retira en bon ordre. Dans cette bataille où les forces étaient à peu près égales, il perdit environ sept mille hommes, dont trois mille prisonniers, avec beaucoup d'artillerie et d'étendards. La singularité de cette action, et les dangers, la valeur des jeunes princes la rendirent plus importante aux yeux des Français que plusieurs autres plus décisives.

____

(1) Celui qui depuis, sous le nom de duc d'Orléans, fut régent du royaume.

Guillaume alla passer l'hiver dans son palais de Loo, en Hollande. Il fit ensuite un voyage en Angleterre ; et l'année suivante (1693) ayant jeté des renforts dans plusieurs places, résolut de se tenir sur la défensive avec soixante mille soldats.

Luxembourg, qui lui était très-supérieur en forces, prit d'abord la ville de Huy, et ensuite résolut d'attaquer Guillaume à Ner-winde. La bataille eut lieu, en effet, le 29 juillet. Guillaume ayant disposé ses troupes, resta quelque temps en prières avec son cha-pelain. (1) Le terrain fut long-temps disputé, avec un carnage affreux de part et d'autre. Le prince de Conti, à la tête des meilleures troupes d'infanterie, fit pencher la victoire en faveur des Français. Guillaume secourut avec la cavalerie anglaise, les Hollandais et les Hanovriens en désordre : enfin le mar-quis d'Harcourt, sorti de Huy avec vingt-deux escadrons, décida du sort de la journée. Guillaume n'effectua sa retraite qu'avec une extrême difficulté, et perdit soixante pièces de canon, avec neuf mortiers, outre un

____

(1) J'ai cru devoir ne pas omettre cette circons-tance, remarquable en ce que Guillaume ne passa jamais pour un homme fort religieux.

grand nombre de drapeaux et d'étendards. (1) Il reçut dans ses habits et sa perruque trois balles de mousquet et chargea deux fois en personne. Il semble que ses dispositions militaires ne furent pas bonnes ; du moins s'il est vrai qu'avant l'action Luxembourg ait dit, en voyant l'ordre dans lequel Guillaume avait rangé ses troupes : « Je vois bien, main- » tenant, que Waldeck est réellement mort.» Cette sanglante journée coûta douze mille hommes aux alliés, et huit mille aux Français.

La prise de Charleroi fut le seul prix de la victoire ; mais quinze jours après sa défaite, Guillaume avait rassemblé son armée, s'était fortifié par des troupes tirées des garnisons, et se voyait en état de livrer une nouvelle bataille, avant que les Français pussent songer à entamer les frontières des Provinces-Unies.

Guillaume obtint en Angleterre de puis-

____

(1) Ce fut à l'occasion du *Te Deum* chanté à Notre-Dame de Paris pour cette victoire, que le prince de Conti appela Luxembourg, *le tapissier de Notre-Dame* ; mais ce fut aussi alors que, d'après les pertes considérables faites par les vainqueurs, on dit qu'il fallait chanter plus de *De profundis* que de *Te Deum*.

sans secours et des subsides considérables pour recommencer la guerre avec vigeur. En 1694, Luxembourg l'empêcha de surprendre Courtrai, quoiqu'il fût très-inférieur en forces au monarque anglais, parce que l'on avait détaché plusieurs corps de son armée, au lieu de la renforcer comme celle des alliés l'avait été. Guillaume prit Huy, et là se termina une campagne pendant laquelle on s'était presque toujours observé réciproquement. Le Dauphin, fils de Louis XIV, avait commandé quelque temps en chef l'armée française.

Guillaume de retour à Londres, perdit son épouse Marie, morte de la petite vérole, à trente-trois ans seulement. Elle avait été si douce et si soumise, que cette perte fut très-sensible au prince. Ceux qui connaissaient son caractère froid et dur furent étonnés de voir que, pendant plusieurs semaines, il ne s'occupa que de sa douleur, sans vouloir entendre parler d'aucune affaire d'état.

En 1695, Guillaume ayant pris toutes les mesures convenables pour assurer la tranquillité intérieure de l'Angleterre, rejoignit son armée en passant par la Hollande, vers le milieu de mai. Cette campagne s'ouvrait pour lui sous des auspices beaucoup plus favorables qu'aucune des précédentes. Epuisée par des succès chèrement achetés, la France allait être obligée de se tenir sur la défensive; l'implacable Guillaume voyant le moment venu de venger ses défaites et d'accroître sa réputation militaire, ne permettait pas que les alliés prêtassent l'oreille aux propositions de paix que déjà Louis XIV faisait faire, plus ou moins directement. Enfin le redoutable ennemi, le vainqueur de Guillaume, le digne élève du grand Condé, Luxembourg, venait de terminer sa glorieuse carrière. (1)

Pour comble de malheur, celui qui lui succéda ne fut pas le brave et zélé Boufflers, mais ce Villeroi, constamment honoré de la faveur de Louis XIV, et dont le nom s'attache aux plus grands désastres qu'é-

____

(1) Il mourut à Versailles au mois de janvier, à l'âge de soixante-sept ans. Luxembourg ne ressemblait pas moins à Condé par la vivacité de l'esprit, que par un génie fait pour commander les armées. Un jour, après une défaite, Guillaume s'écria avec dépit : « Est-il possible que je ne » battrai jamais ce bossu-là! » Luxembourg, à qui ces mots furent rapportés, se mit à rire et dit vivement : « Comment sait-il que je suis » bossu ? jamais il ne m'a vu pas derrière. »

prouva la France sous le règne de ce monarque. Boufflers commanda sous lui.

Guillaume, supérieur en forces, forma
deux armées, et résolut de prendre sa revanche à Namur : il fit investir cette place le 3
juillet. Boufflers s'y étant jeté avec un corps
de dragons, la garnison se trouva de quinze
mille hommes. Guillaume, ayant avec lui
l'ingénieur Coëhorn, se rendit devant Namur
avec le reste de son armée; mais on regarda
son entreprise comme téméraire. Le succès
le fit absoudre. Villeroi, à la tête de quatre-
vingt mille hommes, aurait joué absolument
le rôle passif qui avait été trois années auparavant celui de Guillaume, s'il n'eût, sans
danger comme sans gloire, causé quelque
mal à Bruxelles par un bombardement de
deux jours.

Assiégés, assiégeans, s'étaient déjà signalés par des prodiges de valeur, lorsque
Villeroi s'avança jusqu'à Fleurus, résolu de
risquer enfin une bataille. Guillaume laissa
la conduite du siége à l'électeur de Bavière,
et vint se mettre à la tête de l'armée d'observation. Il prit une position si forte que le général français n'osa rien tenter contre lui et
se retira.

Le roi d'Angleterre apprit le 30 août aux

assiégés la retraite de Villeroi, et les somma de se rendre. Sur leur refus, il fit donner une assaut qui fut le plus effroyable de tous. L'extrême valeur des Français dut céder à une valeur égale et à la supériorité du nombre ; cependant les alliés achetèrent par la mort de deux mille hommes l'avantage de se loger dans une partie des fortifications. Enfin le 1er septembre, Boufflers, dont les quinze mille braves étaient réduits à cinq mille cinq cents, capitula. Il fut traité avec tous les égards qu'il méritait ; mais on ne voulut pas le relâcher, jusqu'à ce que les Français eussent rendu les garnisons de Deinse et de Dixmude qu'ils retenaient. Cette difficulté fut bientôt levée ; et tandis que Guillaume retournait à Loo pour se reposer après sa victoire, Boufflers reçut de Louis XIV l'accueil le plus honorable, et fut créé duc et pair.

Des acclamations et des réjouissances signalèrent l'entrée de Guillaume à Londres. En février 1696, il échappa, par l'aveu d'un des complices, à une conspiration très-dangereuse. Il y eut ensuite des négociations pour la paix ; elles furent inutiles, et Guillaume laissant prendre Ath se contenta de couvrir Bruxelles.

Dès lors sa santé, altérée par les fatigues,

diminua sensiblement ; et peut-être cette circonstance influa-t-elle sur la conclusion de la paix , qui fut signée à Ryswick au mois de septembre. La France reconnut par le traité Guillaume comme roi d'Angleterre.

La mort de Charles II, roi d'Espagne, qui nomma pour son successeur Philippe duc d'Anjou, petit-fils de Louis XIV, renouvela la guerre. Guillaume reconnut d'abord ce prince ; mais il se décida ensuite pour l'archiduc Charles , et se mit à la tête d'une nouvelle ligue contre la France. Jacques II mourut , et Louis XIV , imitant la conduite de Guillaume , reconnut le fils du prince expatrié pour roi d'Angleterre. Guillaume reçut de toutes les parties de son royaume des adresses qui le provoquaient à la guerre. Malgré l'état déplorable de sa santé, il était très-déterminé à écouter des demandes qui coïncidaient parfaitement avec ses desseins. Cependant il dit lui-même au comte de Portland qu'il n'espérait pas vivre jusqu'à l'été suivant ; (on était alors en 1701) mais il lui recommanda fortement le secret jusqu'à sa mort. L'année suivante, étant en Hollande , il concerta les plans de la campagne , puis il repassa en Angleterre.

Le 4 mars de cette même année, 1702, il

allait de Hamptoncourt à Kensington , lorsque son cheval s'abattit sous lui. Guillaume se rompit un os du cou. La fracture fut convenablement traitée, et on espérait son entier rétablissement, lorsque le 15 , il fut saisi d'un fort accès de fièvre. Deux jours après , il n'en donna pas moins son assentiment à quelques bills ; mais le soir , comme le comte d'Albemarle, qui arrivait de Hollande, lui parlait des affaires du continent, il lui répondit seulement d'un ton froid : « Je » m'approche de ma fin. » Ensuite il dit à ses médecins qu'ils avaient fait ce qui dépendait d'eux pour le secourir ; « mais , ajouta t-il , » tout est inutile, et je me soumets. » Des ecclésiastiques s'approchèrent de lui et lui donnèrent des secours spirituels ; il s'occupa encore d'affaires pendant deux jours ; enfin, le 19, voyant arriver le comte de Portland qu'il avait mandé, il lui prit la main , la mit avec affection sur son cœur , et expira sans pouvoir prononcer une seule parole. On trouva un ruban noir attaché à son bras gauche. Il était joint à une bague contenant quelques cheveux de la reine Marie. Son corps fut embaumé , et déposé le 23 avril dans un caveau de l'abbaye de Westminster.

M

Quoique les Anglais vissent avec plaisir Guillaume s'opposer à toutes les entreprises de Louis XIV, et qu'ils le secondassent de tout leur pouvoir, il n'en était pas personnellement aimé. Leurs historiens les plus accrédités l'accusent sans détour d'une insensibilité absolue ; ils voient en lui « un homme » désagréable et un souverain impérieux. » Eux-mêmes nous ont conservé des anecdotes qui prouvent que, du moins chez quelques particuliers, les sentimens qu'inspirait Guillaume allaient jusqu'à l'aversion la plus profonde. Ils la témoignèrent avec toute la licence possible. Dans une partie de débauche, ils burent à la santé de Sorel (le cheval qui s'était abattu sous le roi) ; ils burent encore au petit gentleman en habit de velours brun, et ceci passerait pour une énigme, s'ils n'eussent pas expliqué qu'ils désignaient ainsi la taupe qui avait élevé la motte de terre contre laquelle ce cheval avait bronché. Sans approuver ce rafinement bizarre d'animosité, il faut toujours, même en rendant justice à Guillaume, en revenir à condamner son usurpation, et approuver ce qu'en a dit Voltaire dans son *Siècle de Louis XIV :* «Quand j'appelle cette entreprise criminelle,

» je n'examine pas si la nation, après avoir
» répandu le sang du père, avait tort ou
» raison de proscrire le fils, et de défendre sa
» religion et ses droits ; je dis seulement,
» que s'il y a quelque justice sur la terre, il
» n'appartenait pas à la fille et au gendre du
» roi Jacques de le chasser de sa maison. »

Marlborough. Principaux traits de sa vie.

Aucun général ennemi n'a été plus dangereux pour la France que Jean Churchill, depuis duc de Marlborough ; et par une singularité remarquable, ce fut en servant dans un corps d'armée auxiliaire des Français qu'il fit ses premières armes : ce fut sous l'un de nos plus illustres capitaines qu'il reçut les premières leçons de l'art de la guerre.

Lorsqu'en 1675 un boulet de canon frappa Turenne, et plongea ses soldats, ainsi que la France entière, dans une inexprimable douleur, Churchill servait comme capitaine dans le corps anglais qui faisait partie de l'armée du héros français ; et quand de Lorges, digne neveu de Turenne, fit une belle retraite, Churchill mérita que sa valeur et son sang-froid fussent remarqués.

Des intrigues de cour et des torts réels avaient fait destituer Churchill, devenu comte de Marlborough, lorsqu'il finit par triompher de ses ennemis, et obtint, en 1702, sous le règne de la reine Anne, le commandement des troupes combinées d'Angleterre et de Hollande dans les Pays-Bas. Ses succès assurèrent dès lors sa réputation militaire, qui devait prendre encore un si prodigieux accroissement.

La présence d'esprit ne lui fut jamais plus utile que dans une circonstance particulière qui m'a paru mériter d'être rapportée. Ce général, qui ébranla presque le trône de Louis XIV, manqua, dans cette même année 1702, de tomber dans les mains d'un simple partisan français. Il revenait par eau de Maestricht à La Haye, n'ayant pour escorte que vingt-cinq soldats, quand ce partisan, avec trente-cinq hommes du pays de Gueldres, cachés comme lui dans des joncs sur le rivage, saisit la corde de la barque, et l'amena à terre. En un instant les soldats anglais, surpris de la manière la plus brusque et hors d'état de se défendre, furent faits prisonniers. Deux seigneurs Hollandais qui étaient avec le comte montrèrent leurs passeports aux partisans occupés à piller. Marlborough, sans marquer la moindre émotion, présenta celui de son frère, le général Churchill ; il fut pris pour lui, et les assaillans, contens du butin qu'ils avaient fait, permirent à la barque de continuer sa route, après en avoir enlevé le bagage et l'escorte. Quels ne durent pas être leurs regrets lorsqu'ils apprirent que le généralissime des armées combinées leur avait échappé ! Les frayeurs du peuple de La Haye avaient été très-vives et ne purent être égalées que par la joie générale à l'aspect de Marlborough , sain et sauf. Peu de temps après il revint en Angleterre et fut créé duc.

Il obtint ensuite le titre de prince de l'empire , après avoir battu , en 1704 , à Schellingen, les Bavarois, alliés des Français.

Cette même année fut signalée par une victoire de Marlborough , bien funeste à la France. Le fameux prince Eugène , devenu dès lors son compagnon d'armes , et animé contre Louis XIV d'une haine personnelle , commandait avec lui l'armée combinée ; et l'on a justement remarqué , comme une espèce de phénomène , que jamais ces deux rivaux de gloire ne différèrent d'opinion pour les entreprises à former ; leur union alla même jusqu'à l'amitié la plus sincère.

Les Français , au nombre de quarante-cinq mille , sous les maréchaux de Tallard et de Marsin, marchèrent au secours du duc de Bavière , dont Eugène et Marlborough avaient inhumainement ravagé les Etats. Ils se portèrent à Hochstet. Leurs forces réunies à celles de leurs alliés étaient de soixante mille hommes. Les confédérés, selon les rapports unanimes, n'en comptaient que cinquante mille ; mais cette inégalité fut bien compensée par la différence des talens militaires des généraux dans chaque parti.

L'action commença le 13 août 1704, à midi. Les Anglais et les Hessois attaquèrent le village de Blenheim, et furent trois fois repoussés. Après plusieurs charges de cavalerie, où les succès furent balancés, celle des Français fut mise en déroute, et l'infanterie n'étant plus soutenue, éprouva une grande perte. Tallard, qui commandait la droite, envoya demander des secours à l'électeur et à Marsin, à qui la gauche obéissait. Il reçut pour réponse que, loin de pouvoir le soutenir, on avait beaucoup de peine à conserver le terrain. La déroute de l'aile de Tallard devint alors complète. Une partie de ses troupes se noya en tentant de passer le Danube. Ce maréchal, dont la vue était fort basse, cherchant à remédier au désordre, alla se jeter, par erreur, au milieu des ennemis, et fut fait prisonnier. Plusieurs de ses officiers généraux éprouvèrent le même sort. Peutêtre doit-on s'étonner qu'un homme atteint d'une infirmité de cette espèce, ait été placé à la tête d'une armée. Quoi qu'il en soit, Marlborough était complètement victorieux dans le temps où son collègue n'avait encore obtenu aucun avantage décisif. Il commença par détacher quelques escadrons au secours d'Eugène, et se disposait à marcher en personne avec le reste de son corps d'armée, lorsque le prince lui fit dire qu'il n'avait plus besoin de ses troupes. Effectivement, après avoir éprouvé la plus vigoureuse résistance, il venait de surmonter tous les obstacles et de forcer à la retraite l'électeur et Marsin.

Les Anglais et les Impériaux furent donc complètement maîtres du champ de bataille ; mais il restait aux Français à éprouver le plus grand désastre. Avant l'action, Tallard avait placé dans le village de Blenheim vingt-sept bataillons et douze escadrons. Ils avaient repoussé toutes les attaques ; mais, par la plus inconcevable faute, le maréchal quand il vit son aile en déroute ne songea pas à leur donner l'ordre de se retirer. Les vainqueurs n'ayant plus rien à craindre de l'armée Franco-Bavaroise, entourèrent le village, et sommèrent ces braves, l'élite de l'armée, de capituler. Ils n'avaient nuls moyens de se frayer un chemin à travers les troupes ennemies, et furent obligés de mettre bas les armes. Ces prisonniers et ceux qui avaient été précédemment faits, furent au nombre de treize mille ; et, outre la grande quantité de fuyards qui se noyèrent dans le Danube, les Français et les Bavarois laissèrent sur le champ de bataille dix mille morts. La perte en artillerie et autres effets militaires fut énorme. Eugène et Marlborough eurent quatre mille cinq cents hommes tués et plus de huit mille tant blessés que prisonniers. De telles pertes prouvent avec quelle valeur les Français et leurs alliés avaient combattu ; et il est très-constant que les fautes de Tallard, fautes reconnues et constatées depuis long-temps par les hommes les plus instruits, ne contribuèrent pas moins au désastre de l'armée française que les habiles dispositions d'Eugène et de Marlborough, d'ailleurs vaillamment secondés par leurs troupes.

Deux ans plus tard (en 1706), les maréchaux de Villeroi et de Marsin, avec l'électeur de Bavière, attaquèrent Marlborough près du village de Ramillies en Flandres. L'armée française était d'environ quatre-vingt mille hommes ; le général anglais en avait un peu moins. La cavalerie hollandaise et danoise fut d'abord mise en déroute ; mais Villeroi avait placé toute son aile gauche der-

rière un marais ; de sorte que Marlborough
ne se fit aucun scrupule de dégarnir sa droite,
opposée à des troupes postées avec tant d'inep-
tie. Il secourut en personne ses troupes, qui
commençaient à fuir , et manqua même de
tomber au pouvoir des Français. Bientôt tous
ceux de ces derniers qui étaient dans le village furent pris ou taillés en pièces. La cavalerie anglaise chargea ceux qui se retiraient ,
et leur fit éprouver une grande perte. Ce ne
fut plus alors qu'une déroute générale , dans
laquelle l'électeur et Villeroi eurent beaucoup
de peine à échapper aux vainqueurs. L'artillerie et le bagage furent pris avec six mille
soldats. Il y en eut huit mille tués ou blessés.
Les alliés n'achetèrent pas cet avantage par la
perte de plus de trois mille hommes. Bientôt
Louvain se rendit, et la conquête de toute la
Belgique fut le résultat de cette bataille, non
moins funeste aux Français que celle d'Hochstet, et dans laquelle la résistance fut beaucoup moins vigoureuse.

Marlborough était aussi habile négocia-
teur que grand général. Il ne peut entrer dans
mon plan de parler des nombreuses missions
diplomatiques dans lesquelles , au grand
avantage de l'Angleterre, il montra l'adresse
et la subtilité de son esprit ; mais je crois de-

voir dire quelques mots de son entrevue avec Charles XII , roi de Suède. Elle peint ces deux hommes extraordinaires.

Ce roi était à Leipsick , en 1707, lorsque la reine Anne, qui craignait de lui voir prendre le parti de la France , lui écrivit une lettre de sa propre main. Elle crut que Marlborough serait l'ambassadeur le plus propre à flatter la vanité de Charles , et ce général se rendit près de lui. Il commença par lui adresser , au nom de la reine , les complimens et les éloges les plus flatteurs ; puis il ajouta ces paroles : « Je m'estimerais heureux si les cir- » constances me permettaient de m'instruire, » sous un aussi célèbre capitaine que votre » majesté , de ce que j'ignore encore dans » l'art de la guerre. » Il y avait dans ce discours quelque chose de si outré qu'il pouvait paraître voisin de l'ironie ; car enfin , Marlborough, qui avait détruit tant de braves corps d'armée français sans avoir jamais éprouvé un échec, n'était pas absolument un *écolier* en comparaison de Charles , vainqueur il est vrai des Russes, mais des Russes non encore disciplinés , et qui bientôt lui firent éprouver à Pultava la plus terrible défaite. Cependant Charles XII ne songea pas à répondre rien d'obligeant au général anglais. Il accepta de bonne foi les éloges exagérés qu'il lui adressait, et se contenta de lui donner l'assurance qu'il ne ferait rien contre l'Angleterre ou ses alliés.

Dans l'année 1708, Malborough mit en déroute près d'Oudenarde une armée française considérable, malgré les efforts inouïs et les prodiges de valeur du duc de Vendôme, qui servait sous le duc de Bourgogne, petit-fils de Louis XIV. Vendôme s'était opposé à ce qu'on livrât bataille : il ne fut point écouté dans le conseil du prince. Il en résulta une défaite non très-sanglante, mais honteuse. Sur cent mille Français qui avaient combattu quatre-vingt-huit mille alliés, trois mille furent tués et sept mille se rendirent ; deux mille désertèrent ; et les vainqueurs ne perdirent pas en tout plus de deux mille hommes.

En 1709, les Français si souvent mal conduits, et consternés de leurs défaites précédentes, eurent encore à combattre Eugène et Marlborough ; mais du moins dans cette fameuse action de Malplaquet, leur résistance fut glorieuse et la perte des ennemis immense.

La bataille eut lieu le 11 septembre. Aux Tallard, aux Villeroi, avait succédé dans

l'armée française, Villars, dès lors considéré
comme un général aussi habile qu'heureux.
« Il avait avec lui le maréchal de Boufflers,
» son ancien, qui avait demandé à servir
» sous lui. Boufflers aimait véritablement le
» roi et la patrie. Il prouva en cette occasion
» (malgré la maxime d'un homme de beau-
» coup d'esprit), que dans un état monar-
» chique, et surtout sous un bon maître, il
» y a des vertus. » (1)

Les alliés avaient cent dix mille hommes
et les Français cent mille. L'artillerie des
premiers était de cent quarante pièces de canon, et celle de leurs ennemis seulement de
quatre-vingts.

L'attaque, formée par un corps anglais et
allemand contre la gauche des Français, eut
d'abord quelque succès ; mais à la droite les
Hollandais furent repoussés avec une perte
considérable. Cependant le prince d'Orange
qui les commandait, continua de combattre avec la plus grande intrépidité : les Français de leur côté déployaient le plus grand
courage. Mais Marlborough, qui avait ordonné et soutenu lui-même l'attaque de l'aile

____

(1) Voltaire, *Siècle de Louis XIV*. L'auteur
auquel il fait allusion est Montesquieu.

gauche, parvint à la forcer. Il se porta aussi-tôt contre le centre. Villars y accourut et fut dangereusement blessé : dès lors, le sort de la journée fut décidé ; mais il n'y eut point de déroute, comme dans les affaires précédentes. Boufflers ordonna la retraite, qui se fit dans le plus grand ordre, et se porta entre le Quesnoi et Valenciennes.

Sur environ trente mille morts ou blessés qui couvraient ce sanglant champ de bataille, plus de vingt-un mille étaient de ceux qui avaient obtenu l'avantage de forcer leurs ennemis à la retraite. Si les Français abandonnèrent des prisonniers, des drapeaux et du canon, ils en emmenèrent avec eux, et purent aussi montrer ces trophées, glorieuses preuves du courage. Les alliés perdirent plusieurs officiers ou généraux, et Eugène lui-même fut blessé à la tête. Parmi les traits particuliers de valeur, qui furent innombrables, on distingua dans les deux armées ceux qui honorèrent le fils de Jacques II, nommé par les Anglais le chevalier de Saint-Georges, et reconnu roi par Louis XIV, sous le nom de Jacques III. Il chargea jusqu'à douze fois avec la maison du roi, et reçut à la dernière charge un coup d'épée dans le bras.

Villars dit hautement que s'il n'eut pas
été blessé la victoire fût restée aux Français.
« J'en ai vu, dit Voltaire, ce général per-
» suadé ; mais j'ai vu peu de personnes qui
» le crussent. »

Les historiens anglais, organes de l'opinion publique chez leurs compatriotes, se
sont montrés moins incrédules que les courtisans de Louis XIV, dont parle ici Voltaire. Non seulement ils ne songent pas à
réfuter l'assertion de Villars, mais ils adres-
sent aux généraux alliés de graves reproches.
Selon eux, rien n'était plus imprudent, plus
blâmable qu'une attaque contre une armée
si nombreuse et si bien fortifiée. Aussi, cette
victoire chèrement achetée ne produisit-
elle d'autre résultat que de ranimer chez les
Français l'ardeur belliqueuse, naturelle
à notre nation. On accusa le prince d'Orange
d'avoir occasioné l'affreux massacre de
ses troupes, parce qu'il ne songeait qu'à
s'attirer de la considération près des Etats-
généraux, par des actes de bravoure; mais
celui qui essuya les plus grands reproches
fut Marlborough lui-même. On crut, et on
dit qu'une victoire lui avait été indispensable pour servir ses intérêts particuliers.
En effet, son crédit commençait à chance-

ler à la cour, et il avait dans le parlement de nombreux ennemis.

Il continua cependant à commander quand le ministère fut changé ; et en 1711 prit Bouchain, après avoir forcé les lignes des Français.

Ce fut là l'époque de sa disgrâce. Personne ne peut déterminer jusqu'à quel point il eut encore pu nuire à la France. Des vices honteux, surtout dans un général d'armée et dans un homme illustre par ses exploits ; l'avarice la plus sordide, la plus insatiable cupidité avaient souvent été reprochées à Marlborough, lors même que ses triomphes exaltaient l'orgueil national. Sa femme, qui avait long-temps tyrannisé l'esprit de la reine, abusa de son ascendant ; et les ennemis nombreux de leur crédit saisirent cette occasion pour soumettre Marlborough aux enquêtes les plus humiliantes. Les commissaires pour l'examen des comptes publics l'accusèrent de concussion ; et la reine déclara qu'elle le dépouillait de ses emplois, afin que l'on pût examiner cette affaire avec impartialité.

Alors il fut reconnu, entr'autres actions basses justement reprochées à Marlborough, que pendant tout le temps qu'il avait commandé l'armée, il avait reçu annuellement d'un juif et d'autres entrepreneurs, des fournitures de pain, un présent de six mille livres sterling (cent trente-cinq mille francs.) On lui reprocha d'avoir détourné à son profit une partie des sommes qui lui avaient été confiées pour ses intelligences secrètes ; enfin (et c'est là peut-être l'accusation qui doit le plus ternir sa gloire aux yeux de la postérité) il fut prouvé qu'il avait exercé à son profit une retenue de deux et demi pour cent sur la solde des troupes étrangères au service de l'Angleterre. Ainsi Marlborough n'avait pas rougi de s'approprier une partie de ces faibles sommes que devaient recevoir des soldats versant leur sang pour servir son pays et accroître sa propre renommée. Malgré ce que ses défenses eurent de spécieux, l'indignation saisit le plus grand nombre des membres du parlement. Il fut condamné à restituer, et la reine ordonna au procureur général de le poursuivre. Peu de temps après Marlborough se retira sur le continent.

La mort de la reine Anne et l'avènement de Georges Ier ayant changé de nouveau l'esprit du ministre, Marlborough fut rappelé en 1714. Nommé de nouveau général en chef, il obtint de plus les places de colonel de la première compagnie des gardes à pied, et de grand-maître de l'artillerie; mais il n'eut plus sujet d'exercer ses talens militaires, et on peut douter que si la guerre eut été déclarée, il eût été employé; car bientôt il ne fut plus que l'ombre de lui-même. Son esprit baissa au point que les derniers temps de sa vie furent une seconde enfance. Il mourut en 1722, et fut enterré à Westminster avec une pompe tellement remarquable, qu'elle fit accuser d'orgueil et d'ostentation ceux qui la dirigèrent.

Tel fut cet homme qui ne livra jamais de bataille sans la gagner, et n'assiégea jamais de place sans la prendre. Les reproches que l'on adresse à sa mémoire sont aussi constatés, aussi nombreux que ses belles actions, et font de lui un caractère unique. Voltaire rapporte que lord Bolingbroke, devant lequel on citait un jour plusieurs traits de la sordide cupidité de Marlborough, se contenta de répondre : « C'était un si grand homme » que j'ai oublié ses vices. » Mais tout le monde n'a pas besoin de montrer la même indulgence; et cette esquisse du portrait de Marlborough eut été imparfaite s'il n'eut été présenté que sous l'aspect le plus avantageux.

Destruction de la flotte espagnole par l'amiral Byng, près du cap Passaro.

CETTE action est surtout remarquable, en ce qu'elle eut lieu avant que la guerre eût été formellement déclarée entre l'Angleterre et l'Espagne. Voici le résumé des faits.

En 1718, le roi Georges I$_{er}$ voulut déterminer le roi d'Espagne, Philippe V, à mettre fin aux différens qui existaient entre lui et la cour de Vienne; et comme le monarque anglais favorisait ouvertement le parti de cette cour, il n'avait pas été écouté par le conseil de Madrid. Alors il donna le commandement d'une flotte à l'amiral Byng, (père de celui qui fut depuis fusillé à Portsmouth, par suite de son combat avec M. de la Galissonnière.)

Byng partit de Spithead, le 4 juin, avec vingt vaisseaux de ligne, deux brûlots et deux galiotes à bombes. Il fit dénoncer au gouvernement Espagnol, par l'ambassadeur anglais, qu'il avait ordre d'attaquer les vaisseaux de cette nation, si elle continuait de diriger des forces contre le royaume de Naples, alors appartenant à l'empereur.

Alberoni, ministre de Philippe, répondit avec chaleur, que si les Espagnols étaient attaqués ils sauraient se défendre, et que Byng pouvait exécuter les ordres du roi son maître.

L'amiral, qui attendait une réponse près du cap Saint-Vincent, se fortifia de deux vaisseaux en passant devant Gibraltar, augmenta la garnison de Minorque et fit voile pour Naples, où il fut reçu avec joie. Il voulut entrer en négociations avec le marquis de Lede, qui faisait en Sicile le siége du château de Messine, et ne put y parvenir ; ce général alléguant les ordres qu'il avait reçus de réduire la Sicile sous la domination du roi d'Espagne.

Byng avait été, le 9 août, à la vue du Phare de Messine, et la veille la flotte espagnole avait mis à la voile du port de cette ville. Byng, en doublant la pointe du Phare, dans l'intention de poursuivre les ennemis, qu'il croyait partis pour Malte, découvrit deux corvettes espagnoles. En même temps il apprit d'une felouque de la côte de Calabre que la flotte espagnole était non loin de là, rangée en bataille. Aussitôt l'amiral anglais envoya, sous l'escorte de deux vaisseaux de guerre, à Reggio, deux mille Allemands qu'il avait embarqués à Naples , avec l'intention de les introduire dans la citadelle de Messine. Ensuite, il donna la chasse aux corvettes , et, comme il le présumait , elles le conduisirent vers leur flotte , qu'il aperçut dans le meilleur ordre. Elle avait, outre deux brûlots, quatre galliotes à bombes et sept galères , vingt-sept vaisseaux ; et Byng ayant détaché deux des siens , comme il vient d'être dit , n'en comptait que vingt ; mais la plupart de ceux des Espagnols étaient très-inférieurs en force aux vaisseaux anglais. Ainsi, malgré leur supériorité numérique, ils avaient en effet peu d'espérances de remporter la victoire , lors même que de part et d'autre l'expérience et les connaissances nautiques eussent été égales , ce dont il est permis de douter. L'amiral Castanita qui les commandait parut pénétré de ces considérations , car il prit le large , et Byng ne put l'atteindre de tout le reste du jour. Le matin du lendemain 11 août, un des quatre contre-amiraux qui servaient sous Castanita , et qui se nommait Mari , fit une manœuvre dont il serait difficile de rendre raison. Il se sépara de la flotte avec six vaisseaux, les galères , les brûlots et les galiotes à bombes , se rapprochant de la côte de Sicile. Il paraît impossible de croire qu'il agit ainsi par ordre de son chef. Quoi qu'il en soit Byng détacha le capitaine Walton à sa poursuite avec cinq vaisseaux, et de son côté engagea le combat. Les Espagnols montrèrent une grande bravoure ; mais en même temps un trouble et une confusion dans leurs manœuvres, dont leurs ennemis surent profiter. Des vingt-un vaisseaux ou frégates qui leur restaient, quinze furent pris, en comptant ceux de l'amiral et de deux contre-amiraux. Le troisième, nommé Cammock, Irlandais de naissance, s'échappa avec trois vaisseaux et trois frégates. Sept jours plus tard, Byng reçut de Walton une lettre datée de Syracuse. Cette lettre, où le capitaine anglais se montrait digne de rivaliser en laconisme les généraux de Sparte, était ainsi conçue :

« Monsieur, nous avons pris ou détruit » tous les vaisseaux espagnols qui étaient sur » la côte. La liste est en marge. Je suis, etc.»

Sur cette liste étaient portés huit vaisseaux, deux galiotes et deux brûlots ; car Walton ne s'était pas borné à vaincre la division de Mari ; il avait encore brûlé ou pris des vaisseaux isolés.

Les Anglais avouent que si Cammock eut été cru, leur victoire n'eut sans doute pas été aussi compète ni aussi facile. Cet officier expérimenté voulait que les vaisseaux espagnols restassent à l'ancre, présentant le flanc à la mer, et à portée d'être soutenus par des batteries de terre.

Byng reçut du roi des pouvoirs de plénipotentiaire près de tous les princes et états d'Italie. Il ne put empêcher que la forteresse de Messine se rendît; mais il tint la mer pendant tout le reste de l'année, et ne revint à Mahon pour radouber ses vaisseaux qu'après avoir concerté avec les généraux de l'empereur les opérations de la campagne suivante.

La destruction de la flotte espagnole fut un événement dont on s'occupa dans toute l'Europe. On conçoit sans peine que les Espagnols accusèrent les Anglais d'une insigne perfidie; dans plus d'un pays leurs plaintes parurent fondées; et en Angleterre même les gens de bonne foi convinrent qu'une telle manière de s'interposer entre deux puissances belligérantes, était plus qu'irrégulière et fort étrange.

De longs débats dans le parlement, et une déclaration de guerre furent, comme on pouvait s'y attendre, les suites de cet événement.

*Expédition du prince Charles - Edouard ,
en Ecosse et en Angleterre.*

De l'aveu même des écrivains anglais les
plus prononcés contre la malheureuse maison
de Stuart , cette expédition étonna toute
l'Europe. En voici les circonstances les plus
intéressantes.

En 1743 le prince Charles-Edouard Stuart,
fils du prétendant et petit-fils de Jacques II ,
était à Rome près de son père , lorsque le ministre de France lui promit son appui pour
recouvrer la couronne perdue par son aïeul.

Il partit vers la fin de décembre , déguisé
en courrier de la cour d'Espagne , et vint à
Paris, d'où il se rendit en Picardie. Des préparatifs maritimes se firent à Brest et à Boulogne ; mais la supériorité d'une escadre anglaise , les vents contraires et quelques accidens particuliers , firent échouer alors l'expédition.

Charles-Edouard ne renonça cependant
point à son projet. Il avait en Angleterre de
nombreux partisans ; et les montagnards

Ecossais ayant été durement traités par le gouvernement anglais , le prince résolut de s'embarquer pour se rendre au milieu d'eux.

Quelques armes , fort peu d'argent et un très-petit nombre de partisans montés avec lui sur une frégate , telles furent les seules ressources avec lesquelles il commença une entreprise si importante. A la vérité , lorsqu'il fut à la hauteur de Belle-Isle , il trouva le vaisseau de soixante-six canons , l'*Elisabeth*, chargé de l'escorter ; mais bientôt on rencontra le vaisseau anglais *le Lion* , de soixante-quatorze. Il s'ensuivit un combat acharné , dans lequel les deux vaisseaux furent très-maltraités. Chacun d'eux regagna , non sans peine , un port de son pays. Le prince Charles-Edouard continua sa route, et aborda , en juillet 1745 , sur la côte de Lochaber en Ecosse.

Georges II était alors sur le continent avec une armée anglaise , et les lords qui composaient le conseil de régence ne purent d'abord se persuader que le jeune Stuart songeât sérieusement à faire valoir ses prétentions.

Ils furent bientôt détrompés par les premiers succès qu'il obtint, promirent trente mille livres sterling à qui s'emparerait de sa personne, et invitèrent le roi à repasser en Angleterre. Le royaume fut dans une agitation extrême.

Charles - Edouard n'en poursuivit pas moins ses succès. Il se rendit à Perth, où il fit proclamer son père roi de la Grande-Bretagne. On agit de même à Dundée et dans quelques autres villes. Son armée grossissait chaque jour, et bientôt il se vit en état de s'emparer, sans opposition, d'Edimbourg même, capitale de l'Ecosse. On y lut le manifeste par lequel son père le déclarait régent, et promettait de grandes faveurs aux Ecossais. Au reste, Charles-Edouard ne put se rendre maître du château que défendait le général Guest. Ce militaire plein de courage et de talens, avait avec lui une nombreuse garnison.

Un autre général du roi Georges, sir John Cope, marcha de Dunbar sur Edimbourg, et le 1er. octobre il se trouva dans le voisinage de Preston-Pans. Il avait trois mille hommes sous ses ordres, y compris quelques monta-gnards ennemis des Stuarts. Le prince était à la tête d'un nombre égal de troupes ; mais ses soldats étaient mal armés. Cependant il mit ses ennemis en déroute dès la première attaque, faite avec fureur à l'armée blanche par ses intrépides partisans. La victoire fut on ne peut plus complète, et deux seuls régimens de dragons pureut éviter, en prenant la fuite, la mort ou la captivité. Charles-Edouard ne perdit pas quatre-vingts hommes.

Il se montra digne de son succès par sa modération et sa générosité. Quelques petits corps le joignirent, et il demeure certain que s'il avait eu plus de troupes dans ce moment où l'Angleterre était consternée, et où tant de gens montraient de l'indécision, il eut pu reprendre le sceptre autrefois ravi à sa famille.

Les inquiétudes s'étant un peu calmées, la maison régnante fut servie avec zèle par un assez grand nombre de seigneurs Ecossais. On prit aussi en Angleterre des mesures pour résister au prince. On rappela de l'armée de Flandres trois bataillons des gardes et sept régimens d'infanterie, et on fit également passer en Angleterre six mille hommes de troupes hollandaises.

Cependant le prince, à la tête seulement de cinq mille hommes, conclut et effectua, le 17 novembre, l'audacieux projet de se rendre en Angleterre même. Trois jours lui suffirent pour se rendre maître de Carlisle, où il trouva une grande quantité d'armes.

Outre un corps d'armée commandé par le général Wade, les Anglais en formaient un autre dans le comté de Straffort ; mais le prince, averti qu'une armée française se disposait à faire une puissante diversion en sa faveur sur les côtes méridionales du royaume, marcha toujours en avant. A pied, comme les montagnards dont il avait pris le costume, il pénétra par Lancaster et Preston jusqu'à Manchester, où il arriva le 10 décembre. Deux cents Anglais s'y réunirent à lui pendant que les habitans célébraient son arrivée par des réjouissances et des illuminations. Six jours plus tard le prince fut à Derby, éloigné seulement de Londres de cent milles, ou trente-trois lieues environ. Le duc de Cumberland avait pris le commandement de la nouvelle armée anglaise ; mais le prince avait une journée de marche sur lui. Les historiens anglais avouent que s'il eût continué de se porter sur Londres, alors dans la plus extrême agitation, il y eût rassemblé un grand nombre de partisans, qui déjà ne dissimulaient plus leur joie et leurs espérances ; tandis que le nom seul des terribles montagnards portait la frayeur dans l'âme de leurs adversaires.

Mais la situation du prince commençait à devenir fâcheuse. A l'exception du très-petit nombre d'Anglais qui l'avaient joint à Manchester, personne ne se prononçait pour lui d'une manière ferme, franche et active. Les Gallois, sur lesquels il avait compté, restaient dans l'inaction. L'invasion des Français ne s'effectuait pas : le roi Georges II couvrait Londres par des troupes de milices rassemblées avec une grande célérité; ainsi Charles-Edouard se trouvait pressé par deux corps ennemis, au milieu de l'hiver, et craignait d'aller plus en avant. Une bataille eût été alors inévitable ; et s'il la perdait, sa ruine était certaine. Pour combler son malheur, la désunion se manifestait parmi sa petite troupe, et ses Ecossais désiraient hautement revoir leurs montagnes. Le prince adopta enfin la résolution de revenir en Ecosse par Manchester et Preston.

Le duc de Cumberland, campé à Meriden, détacha ses cavaliers à sa poursuite, tandis que Wade envoyait les siens se réunir à eux. La retraite devint très-difficile. Partout le prince trouvait les ponts rompus et les chemins dégradés ; cependant son courage et celui de ses soldats triompha de tous les obs-

tacles , et ayant été attaqués au village de
Clifton près de Penrith, ils battirent complètement les assaillans. Ils renforcèrent ensuite
la garnison de Carlisle, et, parvenus en Ecosse,
traversèrent les rivières d'Eden et de Solway.
Leurs adversaires mêmes avouent avec étonnement qu'ils observèrent la plus exacte discipline en traversant des pays très - opulens ;
tandis qu'ils avaient à lutter contre un froid
excessif , la fatigue et la disette. Ils n'eurent
point de traîneurs , et emmenèrent tous leurs
canons.

Quelque glorieuse que fût une telle retraite , on pouvait dès lors prévoir que les
espérances du prétendant s'évanouissaient de
jour en jour. Le 2 janvier 1746, la garnison
de Carlisle se rendit au duc de Cumberland,
après un siége qui n'avait duré que neuf
jours.

Charles-Edouard marcha sur Glascow ,
qui avait donné au roi Georges de très-gran-
des marques d'attachement. Il leva sur
cette ville de fortes contributions , et reçut
ensuite un faible renfort d'Ecossais et d'Irlandais au service de France. Cependant le
parti du roi prit le dessus dans le nord de
l'Ecosse, et le prince ayant entrepris le siége

du château de Stirling , ne fit que très-peu de progrès , par l'inexpérience de ses soldats dans ces sortes d'attaques.

Déjà Edimbourg était rentré sous l'obéissance du roi. Le général Hawley en partit pour secourir Stirling , et donna le rendez-vous à Falkirk. Le 28 janvier on aperçut l'armée du prince , et la bataille devint inévitable. Deux régimens de dragons qui marchèrent pour débusquer les troupes de Charles-Edouard d'une hauteur dont elles s'étaient emparé , furent écrasés par le feu le mieux dirigé. Le prince avait donné le signal en élevant son chapeau. Bientôt l'infanterie anglaise fut elle-même mise en déroute. La plus grande partie des tentes et de l'artillerie tomba au pouvoir des vainqueurs ; mais la résistance avait été si faible qu'ils ne tuèrent pas à leurs ennemis plus de trois cents hommes. (1)

____

(1) Je ne peux m'empêcher de relever ici une inconséquence de quelques auteurs anglais. Pour rendre raison de la défaite de leurs troupes , ils prétendent que leur poudre était mouillée par la pluie ; mais comment les soldats du prince n'éprouvèrent-ils pas les mêmes accidens ? Le fait méritait bien d'être expliqué.

L'armée anglaise n'étant ainsi que dispersée se rallia dans Edimbourg, et se vit renforcée par plusieurs officiers qui, ayant été pris à Preston-Pans, manquèrent à leur parole.

Le duc de Cumberland prit enfin le commandement suprême. Prince du sang, très-aimé des troupes, et général habile, il pouvait se promettre des succès. A la vérité, sur la demande formelle de la France, les Etats-Généraux de Hollande rappelèrent d'Angleterre les six mille hommes de leurs troupes ; mais ils furent sur-le-champ remplacés par un pareil nombre de Hessois.

Le duc, à la tête d'une armée très-supérieure à celle du prince, commença, au mois de février, par faire lever le siége du château de Stirling ; et le prétendant dut repasser en hâte la rivière de Forth. Le duc ensuite s'avança vers Aberdéen, et il y eut plusieurs engagemens, préludes d'une action générale et décisive.

Elle fut précédée d'une faute considérable que commirent les troupes du prétendant. Le 23 avril 1746, le duc de Cumberland passa la Spey, rivière très-profonde et très-rapide, à la vue d'un corps considérable d'ennemis qui ne firent aucun effort pour l'en empêcher. Déjà ils étaient livrés à cette indécision et à ces fausses mesures qui perdent les armées.

Le 27 avril, le duc rencontra enfin toute l'armée de Charles-Edouard, rangée en bataille près de Culloden. Elle était forte de huit mille hommes, avec quelques pièces d'artillerie. Le duc, qui avait un bien plus grand nombre de canons, et au moins seize mille hommes, disposa ses troupes dans le plus grand ordre. Dès le commencement de l'action son artillerie fit d'affreux ravages dans les rangs des montagnards, tandis que la leur ne produisait que fort peu d'effet. Cependant cinq cents de ces hommes intrépides s'élancèrent avec leur impétuosité ordinaire sur l'aile gauche des Anglais. Il fut, comme dans les affaires précédentes, impossible de résister à leur premier choc ; mais bientôt l'ordre se rétablit, et ils furent presque tous anéantis par un feu terrible.

Dans le même temps, Hawley, qui brûlait de venger sa défaite de Falkirk, abattit avec ses dragons et la milice du comté d'Argyle les murs d'un parc, puis il tomba l'épée à la main sur les ennemis. Les troupes venues de France montrèrent beaucoup de fermeté ;

mais il fallut qu'elles cédassent le terrain, et elles se retirèrent en bon ordre à Inverness, où bientôt elles capitulèrent. Un corps Ecossais fit la même manœuvre et ne fut point entamé ; mais les autres furent taillés en pièces ; et le prince, qui avait exposé plus d'une fois ses jours pour rétablir le combat, fut obligé de céder à sa mauvaise fortune.

Les vainqueurs poursuivirent leurs ennemis avec tant de fureur, qu'ils firent périr un grand nombre de gens qui, par une curiosité à la vérité assez déplacée, étaient venues d'Inverness pour voir la bataille. Il en coûte toujours de rapporter que l'acharnement d'une armée victorieuse a duré plus long-temps que la bataille ; mais les historiens anglais avouent eux-mêmes que leurs troupes souillèrent leur triomphe par d'horribles cruautés. Revenues sur le champ du carnage, elles y massacrèrent sans pitié les blessés.

Ce ne fut pas tout ; Cumberland, maître d'Inverness, partagea ses troupes en plusieurs partis, chargés de ravager le pays. Ils n'exécutèrent qu'avec trop de ponctualité ces ordres rigoureux. Sans entrer dans le douloureux détail de tant d'atrocités, il me suffira de dire, toujours d'après les autorités les moins suspectes d'exagération, que dans une étendue de cinquante milles ou dix-sept lieues, il ue resta plus au bout de quelques jours, ni hommes, ni bêtes, ni maisons, ni cabanes.

Tandis que le duc recevait les fécilitations des deux chambres du parlement, et qu'elles ajoutaient à son revenu vingt-cinq mille livres sterling par an, l'infortuné Charles-Edouard errait de rochers en rochers, ou même d'île en île, environné de soldats qui le cherchaient, et le plus souvent exposé à mourir de faim. Ce qu'il y eut de vraiment admirable dans la détresse extrême où il fut réduit, ce fut que les pauvres montagnards auxquels il était obligé de se confier et qui risquaient tout en le secourant, ne songèrent jamais à le trahir. Plus de cinquante individus n'eurent pas même la pensée de gagner, en le trahissant, les trente mille livres sterling promis par le gouvernement Anglais. Charles Stuart mérita d'être admiré : jamais il ne se livra au désespoir. Enfin le 17 septembre, c'est-à-dire près de cinq mois après la ruine de son parti, un corsaire de Saint-Malo le reçut à son bord. Il n'était couvert que de haillons, et les fatigues, la faim lui donnaient un aspect qui inspirait à la fois l'horreur et la pitié. Quelques amis fidèles l'accompagnaient. Pendant plusieurs semaines, il avait porté des habits de femme. Un jour, il s'était vu forcé de se présenter chez un seigneur partisan déclaré du roi Georges II, et de lui dire: « Le fils de votre monarque vient vous » demander un asile et du pain. » (1) Une autre fois, il reçut d'un paysan quelques habits un peu moins misérables que la veste tombant en lambeaux dont il ne pouvait plus se couvrir. « Gardez-là, lui dit il, un jour » peut être vous me la rapporterez dans le » palais des rois de la Grande-Bretagne. »

En mer même, Charles-Edouard courut de nouveaux dangers. Son petit bâtiment fut poursuivi par deux vaisseaux de guerre anglais ; mais enfin il parvint à être en sûreté dans le port de Roscof, près Morlaix.

____

(1) Il obtint l'un et l'autre : dans la suite ce même seigneur fut mis en jugement comme coupable de haute trahison. La loi était formelle : il se contenta de dire pour sa défense à ses juges. « Si le prétendant s'était présenté de même chez » vous, quel est celui qui eut été assez lâche pour » le livrer ? » Ils se levèrent alors tous de leurs siéges, et mirent l'accusé en liberté.

Le fils de votre Roi vient vous demander
un Azile et du Pain.

Pour achever le récit de cette expédition, entreprise avec des ressources si peu proportionnées à son importance, il ne me reste plus qu'à rapporter le sort funeste des partisans de Charles-Edouard. Cinquante officiers périrent dans plusieurs villes et montrèrent beaucoup de fermeté, au milieu des tortures dont, aux termes des jugemens, leur supplice fut accompagné. Un grand nombre de ceux qui avaient servi comme soldats furent transportés, et faits esclaves, dans les plantations d'Amérique. Il n'y en eut que fort peu d'épargnés. Les lords Cromartie, Kilmarnock, Balmerino et Lovat furent jugés et condamnés à mort dans la salle de Westminster. De puissantes sollicitations obtinrent la grâce du premier. Kilmarnock, long-temps attaché aux principes d'après lesquels Georges II occupait le trône, et que le dépit d'avoir été privé d'une pension avait seul jeté dans le parti du prétendant, mourut avec résignation. Balmerino brava la mort avec une extrême intrépidité. Lord Lovat, infirme et âgé de quatre-vingts ans, ne montra pas moins de courage. Il posa sa tête sur le bloc fatal en répétant un vers où Horace dit qu'il est doux et honorable de mourir pour la patrie.

« Dulce et decorum est pro patriâ mori. »

Enfin, le comte de Derwentwater, pris dans un vaisseau qui était à l'ancre en Ecosse, allégua inutilement qu'il était commissionné du roi de France : il eut la tête tranchée, et mourut aussi avec beaucoup de fermeté.

Expéditions de l'amiral Vernon aux Indes Occidentales. Leurs résultats.

VERNON, membre de la chambre des communes, est une preuve du mal que peut faire à une nation l'engouement du parti populaire pour tel ou tel individu. Il s'était acquis la réputation de bon officier de marine ; et en déclamant sans cesse contre les opérations du ministère , s'était fait considérer dans le parti de l'opposition, lorsqu'à la fin de 1739 éclata la guerre contre l'Espagne. Vernon soutint dans la chambre qu'il était facile de soumettre le bel établissement de Porto-Bello en Amérique ; il offrit même d'exécuter cette entreprise avec six vaisseaux. Le ministère fut forcé par les clameurs publiques de l'envoyer commander en chef dans les Indes occidentales.

Le 24 de mars 1740 , on reçut des dépêches de Vernon , annonçant, en effet, la prise de l'établissement de Porto-Bello sur l'isthme de Darien. Il n'y avait employé que ses six vaisseaux et un petit nombre de troupes de débarquement , et avait fait démolir les fortifications. Ce succès exalta tous les esprits, et fut exagéré bien plus qu'il ne le méritait en réalité ; car la défense des Espagnols avait été à peu près nulle.

Vernon bombarda ensuite Carthagène d'Amérique , et prit sur la rivière de Chagre le fort Saint-Laurent.

Alors les Anglais résolurent de faire contre les possessions espagnoles de plus grands efforts , et entr'autres expéditions ordonnèrent celle de l'amiral Anson , mentionnée dans ce recueil.

Les principales espérances reposaient sur un armement formidable qui devait aller rejoindre Vernon. Les troupes de terre étaient aux ordres de lord Cathcart, officier très-expérimenté. Il mit à la voile sous l'escorte de sir Chaloner Ogle , qui commandait une escadre de vingt-sept vaisseaux de ligne , sans compter les bâtimens de force inférieure. Tous les secours , tous les moyens de réussite furent prodigués , et l'on se promit les plus brillans succès.

L'amiral Ogle mit en mer de Spithead avec plus de cent soixante-dix voiles. Arrivée à l'île neutre de la Dominique pour s'y ravitailler , l'expédition perdit lord Cathcart , mort d'une dyssenterie. Le commandement passa au général Wentworth.

A la hauteur de Saint-Domingue on aperçut quatre vaisseaux de ligne. L'amiral anglais détacha contre eux un pareil nombre des siens et continua sa route. Le commandant de cette division n'ayant pu faire amener pavillon aux vaisseaux étrangers, il s'en suivit un combat qui dura la plus grande partie de la nuit. Le lendemain au matin les quatre vaisseaux furent reconnus pour français. Ils avaient pour chef le marquis d'Antin. Alors les hostilités cessèrent. Les Anglais prétendirent ne s'être pas aperçus plus tôt que ces vaisseaux n'étaient pas espagnols; cependant il serait absurde de croire que l'escadre française eût combattu sous pavillon espagnol ou sans pavillon. Quoi qu'il en soit, on se sépara en s'adressant, de part et d'autre, des complimens et des excuses qui ne réparèrent pas les dommages considérables éprouvés par les deux escadres dans cette singulière rencontre, où les Anglais ne purent nier du moins qu'ils n'eussent été les agresseurs.

Quand leur escadre fut arrivée à la Jamaïque elle y trouva Vernon. Il se vit ainsi généralissime, avec de pleins pouvoirs, de la plus formidable expédition qui fût jamais venue dans ces parages. Le nombre des gens de mer montait à quinze mille hommes, et celui des troupes de débarquement à douze mille.

La première faute que l'on reprocha à l'amiral Vernon fut de n'avoir pas mis à la voile pour la Havane. Il perdit un temps précieux à s'assurer de la direction et des desseins du marquis d'Antin, comme si vingt-neuf vaisseaux qui composaient sa flotte eussent pu en craindre quatre sortant d'un combat pénible, et que d'ailleurs on ne devait pas considérer comme ennemis.

On résolut enfin, après avoir tenu un conseil de guerre, d'attaquer Carthagène. Le 9 mars 1741, on débarqua dans une île nommée Tierra-Bomba, près de l'entrée du port, dite *Boca-Chica*, ou petite bouche. Une batterie anglaise fit brèche au principal fort, et l'amiral seconda, par une diversion, l'attaque des troupes de terre. Quand on vit la brèche-praticable on courut à l'assaut ; mais le fort était abandonné. Quelques vaisseaux espagnols qui fermaient l'entrée du port furent coulés à fond, et la flotte n'éprouva plus de résistance.

Les troupes de terre rembarquées avec l'artillerie descendirent à un mille de distance, et ces premiers succès devaient en faire espérer de plus grands ; mais la division la plus prononcée existait entre l'amiral et le général des troupes de terre : ils semblaient s'appliquer avant tout à se causer des disgrâces ; et l'on peut dire qu'en ceci , du moins , chacun d'eux finit par réussir complètement.

Wentworth reprochait à Vernon de rester inactif ; Vernon lui répondait que ses vaisseaux ne pouvaient approcher assez près pour battre la ville , et lui reprochait à son tour de n'avoir pas assez de résolution pour s'emparer du fort Saint-Lazare , le plus important de tous , et qui commandait la place. Le général résolut de faire cette tentative. Elle fut des plus malheureuses. Attaqués dans l'endroit le plus fortifié , les Espagnols firent sur les assaillans un feu terrible. Le colonel Grant , commandant de l'attaque , fut tué ; les échelles se trouvèrent trop courtes , et les officiers restèrent dans l'incertitude et l'irrésolution , tandis que leurs soldats et eux-mêmes étaient exposés pendant plusieurs heures à tout ce que l'artillerie et la mousqueterie ont de plus meurtrier. Il fallut enfin faire retraite après avoir perdu dans cette seule attaque plus de six cents hommes. D'autres opérations aussi mal conçues n'eurent pas plus de succès ; et les pluies de la saison étant survenues, l'armée qui avait déjà eu un grand nombre de malades ou de morts, par suite de l'intempérie du climat, dut songer à se rembarquer.

Vernon, pour se justifier de n'avoir pas mieux concouru à l'attaque, et prouver qu'en effet ses vaisseaux n'avaient pu canonner la place, en fit avancer un qu'il avait pris dans le port même aux Espagnols ; mais cette démonstration tourna contre lui-même; le vaisseau, quoiqu'on ne l'eût armé que de seize canons, résista très-bien au feu de toutes les batteries pendant plusieurs heures. On en tira la conséquence que si l'amiral, pendant l'assaut donné au fort Saint-Lazare, eut fait avancer quatre ou cinq de ses plus grands vaisseaux dans un autre endroit du port où l'eau était encore plus profonde, la ville eut été forcée de se rendre.

Cette dernière assertion pourrait n'avoir pas été plus fondée que celle de l'amiral. Il est bien vrai que la mésintelligence des deux chefs et les maladies nuisirent infiniment à l'expédition ; mais il l'est aussi que les Espagnols étaient déterminés à la défense la plus héroïque; et que s'ils ne purent empêcher ni le débarquement, ni l'entrée de la flotte dans le port, ils avaient réservé pour les occasions les plus importantes leurs moyens les plus forts. Dans plusieurs rencontres ils eurent l'avantage, à nombre égal, ou même inférieur ; en un mot ils se montrèrent partout en hommes qui, combattant pour ce qu'ils avaient de plus cher, étaient résolus de vaincre ou de mourir.

La flotte et l'armée anglaise offraient l'aspect le plus triste ; et pendant la traversée à la Jamaïque, le nombre des moribonds et des morts augmenta d'une manière effrayante.

On peut se figurer l'indignation, les murmures des Anglais, quand ils apprirent les tristes détails de tant de misères. Leur humiliation s'accrut en raison de leurs espérances trompées ; car il demeure constant que par une jactance fort intempestive, on avait en divers lieux frappé des médailles en l'honneur de l'amiral Vernon, *vainqueur de Carthagène.*

Pour combler la mesure du mécontentement général, Vernon, avec le reste de ses troupes, alla débarquer dans la partie méridionale de l'île de Cuba, où les troupes restèrent dans une inaction complète, et nourries seulement de provisions salées et gâtées.

Quand elles eurent été encore diminuées par les maladies, on les rembarqua et on les ramena à la Jamaïque. Elles y furent réjointes par trois mille soldats et quatre vaisseaux de guerre venant d'Europe, au commencement de janvier 1742.

Vernon et Wentworth, de concert avec le gouverneur de la Jamaïque qui accompagna la nouvelle expédition, résolurent de débarquer à Porto-Bello, et d'aller, en traversant l'isthme de Darien, attaquer sur la côte de la mer du sud la ville de Panama. Il est douteux si, même en réussissant, ce projet n'eût pas été aussi désastreux pour les vainqueurs que pour les vaincus; mais les Espagnols n'eurent cette fois rien à craindre pour leurs trésors. Partis de la Jamaïque le 9 mars, et arrivés à Porto-Bello le 28 du même mois, leurs ennemis tinrent un conseil de guerre. Il y fut reconnu que les maladies des troupes, la saison pluvieuse déjà commencée, (ce qu'on n'avait pas même su prévoir!) et l'absence de plusieurs vaisseaux de transport ne permettaient pas de continuer l'expédition. L'armement revint donc à la Jamaïque, après avoir éprouvé de nouvelles pertes et occasioné à l'État de nouvelles dépenses. Pour l'en indemniser, on fit partir au mois d'août trois cents soldats sur un vaisseau de guerre. Il s'emparèrent, dans la baie de Honduras, d'une petite île appelée Rattan. Ainsi se terminèrent les hauts faits d'armes qui devaient illustrer Vernon et Wentworth. En septembre, ils reçurent l'ordre de ramener en Angleterre les débris de leurs troupes, formant à peine la dixième partie de celles qu'ils avaient eues sous leurs ordres. Le mépris, les reproches les assaillirent de toutes parts ; cependant ils ne furent pas mis en jugement, et l'on peut s'en étonner ; car, certes, l'histoire d'Angleterre offre plus d'un exemple d'officiers de terre ou de mer ayant payé de leur vie de moindres désastres, et des fautes peut-être moins grandes.

Si quelque chose put diminuer la honte des expéditions de ces deux chefs, et leur donner quelque motif d'excuse, ce fut celle que l'on tenta l'année suivante. Moins désastreuse, sans nulle comparaison, puisqu'elle était infiniment moins considérable, elle n'eut pas plus de succès. Le chef d'escadre Knowles, qui la tenta, fut d'abord reçu (en février 1743) avec tant de vigueur à la Guayra, sur la côte de Caracas, qu'il courut promptement réparer son désastre autant qu'il le put , à l'île hollandaise de Curaçao. Au mois d'avril, autre attaque dont Puerto-Cavallo fut l'objet. Douze cents hommes débarqués près de cette place furent saisis tout à coup d'une frayeur panique ; et Knowles revint se mettre en croisière aux Iles-sous-le-Vent, où il ne fit rien de remarquable.

Principales circonstances du voyage d'An-
son autour du monde. Combat naval
livré par lui à une escadre française.

PERSONNE n'ignore combien la nation anglaise a produit de navigateurs illustres. Un
volume n'aurait pas suffi à rapporter les
voyages et les aventures diverses de Drake ,
de Dampier , de Raleigh , de Hudson , du
commodore Byron , du fameux capitaine
Cook , et de tant d'autres. J'ai pris le parti
de me borner à tracer les principaux événemens d'une des expéditions les plus justement célèbres, celle de l'amiral Anson. Jamais
faits intéressans ne furent mieux avérés.

En 1740, l'Angleterre résolut de faire
attaquer les établissemens de l'Espagne en
Amérique, et de nuire à son commerce sur
toutes les mers ; en conséquence on donna
une escadre à l'amiral Georges Anson. Elle
était composée ainsi qu'il suit :

Le *Centurion* , de soixante canons et de
quatre cents hommes d'équipage ; le *Glocester* et le *Severn* , de chacun cinquante
canons et de trois cents hommes ; la *Perle* ,

de quarante canons et de deux cent cinquante hommes ; le *Wager*, de vingt-huit canons et cent soixante hommes, et le *Tryal*, chaloupe armée de huit canons avec cent hommes.

L'escadre partie le 18 septembre arriva trente-sept jours plus tard à l'île de Madère, et eut connaissance qu'une flotte espagnole, évidemment destinée à la combattre, y avait paru depuis peu. Elle avait pour amiral Joseph Pizarro, et se composait des vaisseaux suivans : l'*Asie*, de soixante-six canons et de sept cents hommes d'équipage, vaisseau amiral ; le *Guipuscoa*, de soixante-quatorze et de sept cents hommes ; l'*Hermione*, de cinquante-quatre et de cinq cents hommes ; l'*Espérance*, de cinquante et de quatre cent cinquante hommes ; le *Saint-Etienne*, de quarante et de trois cent cinquante hommes, et une *patache* de vingt canons et de cent cinquante hommes.

On voit que la supériorité du nombre en hommes et en artillerie était très-grande du côté des Espagnols ; mais les deux escadres ne se rencontrèrent point. (1) Pizarro

____

(1) Elles furent toutefois bien près l'une de l'autre, dans le temps qu'elles faisaient voile pour

parcourut les mers , en éprouvant des désastres beaucoup plus grands que ceux de l'escadre anglaise , jusqu'à ce qu'il revint , au commencement de 1746 , avec son seul vaisseau l'*Asie*. On verra que par une singularité remarquable, Anson ne ramena non plus en Angleterre que le *Centurion*; mais du moins il y rentra enrichi des dépouilles des ennemis.

De Madère les Anglais se rendirent à l'île Sainte-Catherine, sur la côte du Brésil. De là ils s'avancèrent vers le détroit de Lemaire. Là surtout commencèrent les périls de cette longue navigation. L'escadre y fut en butte à d'effroyables tempêtes ; mais enfin elle parvint à doubler le cap Horn , et se trouva sur l'autre côte de l'Amérique, dans la grande mer du Sud.

Epuisés de fatigues et ayant beaucoup de gens attaqués du scorbut , ils prirent terre à l'île de Juan - Fernandez , distante de cent dix lieues de la côte du Chili.

Anson n'y arriva d'abord qu'avec son seul vaisseau; deux autres le rejoignirent ensuite ; mais il apprit que le *Wager* avait fait naufrage. Les Anglais restèrent long-temps dans cette île

---

le cap Horn ; car la *Perle* prit l'*Asie* pour le *Centurion* , et n'échappa qu'avec peine aux ennemis.

et s'y rétablirent ; mais quand ils constatèrent l'état de leurs pertes ils virent que le *Centurion*, le *Glocester* et le *Tryal*, les seuls qui fussent alors réunis, avaient perdu environ les deux tiers de leurs équipages. Ce qui restait n'eut pas suffi pour former au seul *Centurion* un équipage complet.

Anson partit de Juan-Fernandez le 19 septembre 1741, laissant derrière lui le *Glocester*, fit quelques prises, et résolut d'attaquer la ville de Paita, où il apprit qu'il y avait de grosses sommes d'argent. Il devait de plus y trouver des vivres dont il commençait à manquer, et s'y débarrasser de ses prisonniers.

La ville fut prise, pillée et incendiée : les Espagnols évaluèrent leurs pertes à un million et demi de piastres ; mais le profit des Anglais ne pouvait être aussi considérable. Walter, secrétaire d'Anson, à qui on doit la relation exacte et détaillée de ce voyage, la porte à plus de trente mille livres sterling.

Le but principal d'Anson fut alors d'attaquer le galion, richement chargé, qui partait tous les ans de Manille pour Acapulco, dans le mois de juillet, et retournait au mois de mars suivant. Mais l'alarme avait été donnée par la prise de Paita et celle de plusieurs vaisseaux ; et toujours Anson fut trompé dans son espoir. Il se détermina enfin, le 6 mai 1742, à quitter la côte d'Amérique pour se rendre en Asie.

Séparé depuis long-temps du *Severn* et de la *Perle*, ayant été obligé de couler à fond le *Tryal*, certain du naufrage du *Wager*, Anson n'avait plus avec le *Centurion* que le *Glocester*, lorsque le 15 août il se vit contraint de mettre le feu à ce dernier vaisseau, vu son mauvais état et le grand nombre de malades qu'il avait à bord.

Réduit à un seul vaisseau encombré de malades, Anson fit voile pour Tinian, l'une des îles Mariannes ou des Larrons. L'aspect en parut enchanteur à l'équipage ; le chef d'escadre y aborda, sachant qu'elle était inhabitée, et que l'on y devait trouver du bétail, de la volaille, des fruits exquis, etc., ce qui fut reconnu exactement vrai. Les malades y recouvrèrent rapidement la santé ; et l'on n'y éprouva qu'un seul événement fâcheux ; mais qui fit craindre les suites les plus funestes.

Tandis qu'Anson était à terre avec la plus grande partie de l'équipage, une furieuse tempête assaillit le *Centurion*, le 22 septembre ; forcé de gagner la haute mer, il ne tarda pas à disparaître entièrement.

Que devenir dans un lieu d'où, de plusieurs siècles, il n'était pas à présumer qu'un autre vaisseau s'approchât ! Anson encouragea ses gens à alonger de douze pieds une barque espagnole qu'ils avaient prise, afin de se rendre tous à la Chine plutôt que d'attendre la mort loin de leur patrie. Il déclara qu'il voulait travailler comme les autres, et l'on se mit à l'ouvrage avec une extrême ardeur.

Le départ était fixé au 5 novembre, six semaines après la disparition du vaisseau ; mais le 11 octobre, un des matelots aperçut le *Centurion* voguant à pleines voiles vers l'île. Il accourt en criant comme en extase : « Le vaisseau ! le vaisseau ! » Tous courent au rivage, et Anson lui-même jette la hache avec laquelle il travaillait. Vers cinq heures du soir on envoya au vaisseau des rafraîchissemens dans une chaloupe, et le lendemain Anson se rendit à bord aux acclamations de tout l'équipage.

Dans cette séparation de dix-neuf jours, les gens restés sur le *Centurion* avaient eu aussi leurs angoisses, et s'étaient vus vingt fois au moment d'être engloutis au fond des eaux. Enfin le 20 octobre on quitta l'île hospitalière de Tinian pour n'y plus revenir, et dans le dessein d'aller à Macao.

Les Chinois, à qui les Européens inspirent toujours une défiance sans doute assez fondée, eurent avec l'amiral de fréquentes discussions. Toutefois elles se terminèrent à l'amiable; et le 19 avril 1743, le vaisseau radoubé, ravitaillé, renforcé de vingt-trois hommes de recrues, alla chercher encore ce galion, objet de tant de fatigues jusqu'alors infructueuses. Anson eut soin de publier qu'il se rendait en Angleterre par Batavia.

Il avait formé un plan très-audacieux : comptant qu'il y aurait alors deux vaisseaux de retour d'Acapulco à Manille, parce que son arrivée sur la côte du Chili en avait empêché un de partir l'année précédente, il se proposait de les attendre en route et de les combattre, lors même qu'ils seraient ensemble. Il n'ignorait pas qu'ils avaient d'ordinaire chacun quarante-quatre canons et cinq cents hommes d'équipage, tandis qu'il ne comptait plus à son bord que deux cent vingt-sept matelots ou soldats; mais il savait que le *Centurion* serait bien plus propre au combat que de gros vaisseaux chargés de marchandises et portant moins de canons. D'ailleurs il espérait que la richesse des galions inspirait à ses gens des efforts prodigieux. Il les assembla, leur fit part de son dessein, et eut tout lieu de compter sur eux.

Chaque jour augmentait leur impatience, et ils croisaient, depuis le 31 mai, à la hauteur du cap Espiritu-Santo, île de Samal, lorsqu'enfin, le 1er juillet, ils aperçurent une voile. On porta dessus aussitôt, et l'on vit avec quelque surprise que le galion ne changeait pas de cours. Il avait reconnu le vaisseau anglais, et résolu de le combattre.

Anson distribua trente de ses meilleurs tireurs dans les hunes, et ils furent très-utiles dans l'action. Comme il n'avait pas assez de monde pour servir à la fois toutes ses pièces, il fit tirer successivement et non par bordées. Vers une heure le combat commença, et peu de temps après le feu prit au galion avec tant de force qu'Anson craignit de le voir consumer. Les Espagnols parvinrent à jeter à la mer des nattes qui s'étaient enflammées et avaient causé toute cette alarme. Leurs officiers firent très-bien leur devoir; mais ils furent tués ou blessés presque tous par les Anglais placés dans les hunes, et le commandant lui-même ayant été obligé de quitter le combat, ils amenèrent l'étendard qui était au haut du grand mât, pour se reconnaître vaincus, le pavillon ayant été emporté dès le commencement de l'action.

Ainsi se réalisèrent pour Anson et ses gens les espérances de fortune qu'ils avaient conçues. La prise fut évaluée un million et demi de piastres (au taux le plus bas, plus de sept millions et demi.) Le galion se nommait *Nuestra Senora de Cabadonga*. Il était beaucoup plus grand que le *Centurion*, et avait cinq cent cinquante hommes d'équipage ; mais il ne portait que trente-six pièces de canon, qui, même avec vingt-huit pierriers de quatre, ne pouvaient équivaloir à l'artillerie du vaisseau anglais. Ce dernier n'eut que trois morts et seize blessés, tandis que les Espagnols perdirent dans l'action soixante-sept hommes, et en eurent de blessés quatre-vingt-quatre.

Au milieu de la joie générale des vainqueurs, un officier s'approcha d'Anson, sous prétexte de le féliciter d'une si riche capture, et lui dit que le feu venait de prendre au *Centurion*, près de la soute aux poudres : ainsi le succès pouvait être suivi d'un désastre affreux. Le sang-froid d'Anson, le zèle de son équipage arrêtèrent les progrès du mal , et bientôt le firent disparaître.

Apprenant de ses prisonniers que l'autre galion devait déjà être à Manille , parce qu'il était parti d'Acapulco long-temps auparavant sans attendre son compagnon , le chef d'escadre revint dans la rivière de Canton avec le galion espagnol.

Lorsqu'il eut réglé toutes les affaires d'intérêt , vendu sa prise et ravitaillé son vaisseau , il partit pour retourner en Angleterre par le cap de Bonne-Espérance , le 15 décembre 1743 ; et le 15 juin de l'année suivante jeta l'ancre à Spithead. Heureux jusqu'à la fin , du moins pour ce qui concernait son propre vaisseau , il avait été informé , le 10 du même mois , par un bâtiment de sa nation , que la guerre venait d'être déclarée entre l'Angleterre et la France , et avait passé , à la faveur d'un brouillard , au milieu d'une forte escadre française , croisant à l'entrée du canal.

Le roi l'honora de la pairie ; et les pertes en hommes et en vaisseaux qu'avait faites l'Angleterre dans cette mémorable expédition , parurent peu de chose en raison de celles qu'elle avait causées à l'Espagne. Le total des prises se montait à huit millions neuf cent mille livres ; et l'on calcula que les Espagnols avaient perdu en outre plus de douze millions , sans compter les frais énormes de l'expédition de Pizarre.

Trois années plus tard , le 14 juin 1747 ; Anson , nommé vice-amiral , et ayant sous ses ordres le contre-amiral Warren, attaqua, à la hauteur du cap Finistère , sur les côtes de Galice , une escadre française qui escortait trente navires marchands richement chargés. La disproportion des forces était immense ; à dix-sept vaisseaux , dont plusieurs étaient à trois ponts , de la Jonquière et de Saint-Georges, commandans français, n'en pouvaient opposer que sept de force très-inférieure ; cependant ils se défendirent avec un courage et une intelligence qui attira l'admiration de leurs ennemis mêmes ; leur capture et celle d'une partie du convoi fut très - avantageuse à l'Angleterre ; mais de l'aveu général , les vaincus retirèrent de cette action au moins autant de gloire que les vainqueurs.

Bataille de Dettingue.

Georges II se mit, en 1743, à la tête de son armée en Allemagne. Elle avait été jusque là commandée par le comte de Stair, opposé au maréchal de Noailles. Les deux armées étaient campées en présence l'une de l'autre, près d'Aschaffenbourg. Déjà le duc de Cumberland était au camp des Anglais pour y faire le premier apprentissage d'un art dans lequel il acquit de la réputation, quoique les journées de Fontenoy et de Laufeld ne lui aient pas été favorables. Le roi arriva le 19 juin, et trouva son armée, forte de quarante mille hommes, dans une situation critique. Le maréchal de Noailles s'était si habilement posté, que les Anglais allaient manquer de vivres. Georges, tant pour s'en procurer que pour faire sa jonction avec douze mille Hessois et Hanovriens rassemblés près de Hanau, décampa le 26 du même mois. A peine eut-il quitté la ville d'Aschaffenbourg que les Français s'en emparèrent, et après une marche de trois lieues le monarque anglais aperçut trente mille hommes de leurs troupes qui ayant passé le Mein étaient en bataille au village de Dettingue, ou d'Ettingen, se disposaient à lui disputer le passage du fleuve. Pressé entre deux corps d'armée, resserré dans une plaine étroite, Georges ne pouvait faire retraite sans craindre une destruction totale : il lui fallait ou combattre dans la position la plus désavantageuse, ou se rendre. C'était exactement le même état de choses qui avait eu lieu entre des armées des deux nations à des époques antérieures. Il ne fallait aux Français pour vaincre que réprimer leur impétuosité. Une faute très-grave sauva encore les Anglais. Le duc de Grammont, sans égard pour les ordres formels du maréchal de Noailles, attaqua les ennemis qu'il devait attendre, et l'action s'engagea, sans que les Français pussent faire usage de toutes leurs forces. La cavalerie anglaise fut d'abord mise en désordre par celle des Français ; mais l'infanterie, animée par l'imminence du péril, ainsi que par la présence du roi, tint ferme ; et les Français furent obligés de repasser le Rhin. Le comte de Stair voulait qu'on les poursuivît, assurant que leur défaite serait totale ; mais Georges ne partagea pas son opinion ; il fut satisfait de s'être glorieusement retiré d'un si mauvais pas. Il y eut de part et d'autre des officiers de marque tués ou blessés ; et le duc de Cumberland reçut un coup de feu à la jambe. Georges s'exposa souvent pour animer ses troupes. Quant à la perte totale éprouvée de chaque côté, jamais rapports ne furent plus en opposition. Les Anglais prétendirent avoir tué, blessé ou pris aux Français cinq mille hommes, et n'en avoir perdu que deux mille. Les Français, au contraire, assurent qu'il faut transposer ce nombre. Peut-être doit-on conclure que la perte fut à peu près égale de part et d'autre. Un fait certain, et que l'on ne peut contester, c'est que Georges, maître du champ de bataille, et par conséquent s'arrogeant la victoire, se hâta de le quitter pour aller rejoindre son renfort à Hanau. Il fit écrire par le comte de Stair, à Noailles, pour lui recommander les malades et blessés qu'il était forcé de laisser derrière lui. C'était bien avouer que les Français n'avaient pas été complètement défaits. L'attente du roi d'Angleterre ne fut nullement trompée. Le maréchal fit traiter les Anglais et autres ennemis confiés à son humanité, avec autant de soins que s'ils eussent été ses propres soldats.

Coup-d'œil sur les dernières années de l'histoire d'Angleterre (de 1790 à la fin de 1814, époque à laquelle cet ouvrage se termine.)

Je n'ai pas cru devoir entrer dans les détails de la guerre d'Amérique. Sur terre les Anglais éprouvèrent quelques échecs, tels que les capitulations de Burgoyne et de Cornwallis; sur mer les succès furent balancés, à l'exception de la bataille où l'amiral Rodney défit et prit le comte de Grasse, et dont j'ai parlé dans les *Époques et Faits mémorables de l'Histoire de France.*

Comme je l'ai fait dans cet autre recueil, je vais indiquer sommairement et par aperçu général, les principaux faits d'une époque si féconde en événemens de la plus haute importance. C'est le seul parti qui me convienne pour des faits contemporains, et d'après le cadre dans lequel mon recueil est circonscrit.

Quand la révolution française vint effrayer et ensanglanter le monde, les Anglais ne tardèrent pas à prendre une part active à la guerre que toutes les puissances firent à des principes dont elles redoutaient la propagation chez elles. La marche constamment suivie par le ministre Pitt et ses successeurs, fut d'abord de s'opposer aux progrès de l'anarchie ; et ensuite à ceux de l'ambition de Buonaparte, lorsque de cette anarchie sanglante il nous fit passer brusquement sous son joug, et se servit d'une nation généreuse, mais bien à plaindre, comme d'un instrument de ses vues hostiles contre tout l'univers.

Le premier avantage que les Anglais retirèrent de nos troubles, fut de consolider leur puissance, déjà colossale, dans les Indes-Orientales. Pendant la guerre de l'indépendance américaine, Hyder-Aly avait été pour la France un auxiliaire utile, et avait reçu d'elle des secours qui ne l'étaient pas moins. Aussi brave, aussi vaste dans ses projets que lui-même, son fils Tippoo-Saëb combattit également les Anglais avec la plus extrême énergie ; mais abandonné à ses propres forces, il dut succomber. Il périt glorieusement dans sa capitale prise d'assaut, et ne perdit sa puissance qu'avec la vie ; mais avec lui finit l'empire du Mysore, et ses Etats furent réunis à l'immense étendue de pays que déjà les Anglais possédaient dans l'Indostan. La

Il périt dans sa Capitale prise d'assaut

prise de nos comptoirs dans ce pays ne leur coûta que peu, vu l'immense disproportion des forces ; et lorsque la Hollande fut envahie par les Français, l'Angleterre conquit les possessions de cette puissance, depuis le cap de Bonne-Espérance jusqu'à Batavia. Elle lui en a rendu la plus grande partie depuis que la Hollande est redevenue un Etat indépendant.

Pendant le temps où la France était gouvernée par une convention et un comité de salut public, l'Angleterre seconda par terre et par mer les efforts des alliés ; et cette époque peut se désigner en peu de mots d'une manière fort précise. Sur terre les Anglais eurent assez constamment du désavantage ; sur mer ils triomphèrent toujours. Ils ne purent sauver la Hollande d'une invasion, et remportèrent plusieurs victoires navales. Ce n'était pas que les marins français se montrassent moins braves que leurs aïeux ; mais les officiers expérimentés avaient quitté la France pour la plupart, l'esprit d'indiscipline fit long-temps de tristes progrès, et le désastre de Quiberon causa la mort de la plus grande partie de ceux qui pouvaient restaurer la marine française. Il n'est plus nécessaire aujourd'hui de disculper les An-

glais sur les suites fatales de cette expédition.
On sait assez qu'on ne doit en accuser que les
hommes cruels et perfides qui firent périr des
ennemis désarmés à qui une capitulation solennelle avait assuré le traitement de prisonniers de guerre.

Quand, en 1799, Buonaparte essaya d'aller, avec une armée et une flotte également
formidables, se fonder un Etat en Egypte ;
quand pour occuper ailleurs qu'en France
son ambition, le directoire exécutif lui prodigua les hommes, les trésors et les vaisseaux
qu'il demanda ; l'Angleterre fut attentive à
contrarier ses desseins, et ses forces maritimes
commencèrent par lui donner l'avantage
extrême de reléguer l'armée française dans
l'Egypte, où elle avait débarqué et où elle
s'immortalisait par sa valeur. Les circonstances de la victoire navale que les Anglais
remportèrent, furent aussi singulières que
les résultats en furent importans.

Buonaparte, maître de Malte, débarque à
Alexandrie ; mais, quelques jours plus tôt,
l'amiral Nelson envoyé à sa recherche y avait
paru, et n'avait pas rencontré dans une mer,
étroite si on la compare aux océans des diverses parties du globe, un seul vaisseau de
l'escadre ou du convoi de Buonaparte. Nel-

son va se ravitailler dans les ports du roi de Naples; et bien certain que l'expédition française est partie de Toulon, il fait de nouveau voile vers Alexandrie.

Buonaparte en partant avait laissé Brueys, amiral de la flotte française, à la rade d'Aboukir. Cet officier, malgré l'avis de ses capitaines, s'obstina à demeurer embossé sur cette rade. Il est constant qu'il reçut de la plupart d'entre eux des déclarations écrites, qu'il était possible de se placer entre lui et la terre, et de mettre ainsi l'escadre entre deux feux : il n'écouta rien, et il s'ensuivit pour la France un épouvantable désastre.

Brueys avait placé son vaisseau l'*Orient*, de cent dix canons, au centre de sa ligne. Les autres vaisseaux, dont deux de quatre-vingts et le reste de soixante - quatorze , étaient à droite et à gauche , au nombre de treize.

Nelson n'avait que douze vaisseaux, onze de soixante-quatorze et le *Léander* de cinquante; mais il sut, en tentant la manœuvre prévue par les capitaines français, se donner un avantage prodigieux.

A peine eut-il aperçu à la chute du jour la flotte française, qu'il fit ses dispositions pour l'attaquer en tête. Le premier vaisseau qui essaya de passer entre les Français et la terre, (1) échoua ; mais les autres furent plus heureux. Tandis que par une manœuvre hardie le *Léander* coupait la ligne française au-dessous de l'*Orient*, les dix autres vaisseaux anglais combattirent les six vaisseaux français placés à sa droite, les accablèrent par la supériorité du nombre, et parvinrent jusqu'à l'*Orient* lui-même. Le feu y prit vers minuit, et il sauta en l'air avec l'amiral ; il avait près de onze cents hommes d'équipage.

Dès le lendemain le combat se continua avec fureur. Le capitaine du *Tonnant* entr'autres, l'intrépide du Petit-Thouars, déjà grièvement blessé, fut tué au moment où il criait à son équipage de ne pas se rendre. De toute l'escadre française, le seul *Glorieux*, monté par le contre-amiral Villeneuve, se sauva avec deux frégates. Par un de ces accidens qui se rencontrent dans les combats maritimes, il revit quelques jours après le *Léander*, qui allait porter en Angleterre la nouvelle de la victoire de Nelson, et le prit. Ainsi les Anglais ne la connurent d'abord que par les papiers et les lettres de France.

Ce même Nelson a été dans toute cette guerre l'amiral anglais le plus constamment

---

(1) Le *Culloden.*

favorisé par la fortune. A la vérité il fit sur la flottille de Boulogne, quelques années plus tard, une tentative où il échoua complètement ; mais il contraignit, devant Copenhague, la flotte danoise à capituler, et, en 1805, il mourut à Trafalgar, au sein de la victoire.

Pour rapporter de suite ce qui le concerne, il faut rappeler que les flottes française et espagnole combinées, fortes de trente-trois vaisseaux, sortirent de Cadix, commandées par les amiraux Villeneuve et Gravina. Elles ne tardèrent pas à rencontrer à la hauteur du cap Trafalgar, vingt-sept vaisseaux anglais, ayant Nelson pour amiral. On ne peut pas dire qu'il fut inférieur à ses adversaires, car il avait jusqu'à neuf vaisseaux à trois ponts, et la différence de calibre et du nombre de canons donne à ces masses immenses des avantages considérables sur les vaisseaux de soixante - quatorze. Nelson avait perdu dans les actions où il s'était trouvé, un œil, un bras et une jambe : eut-il quelque pressentiment que ce qui restait alors d'un héros allait totalement périr ? Ce qu'il y a de constant, c'est qu'à la vue des flottes combinées, il ajouta divers articles à son testament, prédit la victoire à la flotte de sa patrie, et fit passer ses instructions à l'ami-

ral Collingwood, qui commandait immédiatement sous lui. Dès le commencement de
l'action, il fut frappé d'une balle tirée, dit-
on, des hunes de la *Santissima-Trinidad*,
vaisseau amiral espagnol, et le plus grand
que l'on connût ; (il portait cent trente
canons.) Nelson, transporté dans sa chambre, vécut assez pour apprendre que la victoire, comme il l'avait prévu, s'était déclarée pour les Anglais. A la fin de cette action,
la plus meurtrière que l'on eût vue depuis
long-temps, il s'éleva une tempête horrible
qui fit périr plusieurs des vaisseaux maltrai-
tés dans le combat. Il ne rentra dans Cadix,
de toute l'escadre combinée, que quinze
vaisseaux, pour la plupart en mauvais état.

La bataille navale de Trafalgar, l'une des
plus terribles qu'on ait jamais livrées, est
encore remarquable en ce que les trois amiraux y trouvèrent un sort funeste. Le brave
Cordova, grièvement blessé, mourut quelques mois après ; et Villeneuve, fait prisonnier, périt à Rennes quelques jours après sa
rentrée en France. (1)

____

(1) Il se tua dans une auberge à coups de cou-
teau, après avoir reçu de la part de Buonaparte
une lettre dont on ignore le contenu ; mais à laquelle il répondit par une autre pleine d'énergie,

Revenons en Egypte. Quand Buonaparte assiégea Saint-Jean-d'Acre, le commodore Sydney-Smith seconda si efficacement Djezzar-Pacha, que le général français fut obligé de lever le siége.

Enfin, lorsque Buonaparte se fut échappé avec tant de bonheur de ce même pays où il ne laissait plus que les débris de sa brave armée, les Anglais en débarquèrent une à Alexandrie pour frapper un coup décisif. Les circonstances les favorisèrent encore. Kleber venait d'être assassiné par un Musulman persuadé qu'il gagnerait le ciel s'il délivrait son pays d'un ennemi si redoutable. Le général Ménou, qui s'était fait Mahométan et qui avait pris le nom d'*Abdalla*, était, par ancienneté de grade, devenu général en chef ; mais il existait d'assez grandes dissensions entre les officiers, et Ménou était peu aimé. Au lieu de marcher contre les seize

de noblesse, et dans laquelle il lui prédisait sa chute, en témoignant sa douleur de l'avoir servi. Cette lettre, qui fera toujours plaindre et estimer l'infortuné Villeneuve, a été rendue publique après la chute de Buonaparte.

Une autre version veut que Villeneuve ait été assassiné, par suite de sa lettre.

mille Anglais , nouvellement arrivés en Egypte , avec toutes ses forces , ce qui les aurait rendues à peu près égales de part et d'autre , il ne voulut point abandonner le Caire , et divisa son armée. Il en résulta que , malgré leur valeur , les Français moins nombreux de moitié que leurs ennemis , perdirent la bataille. Une charge de cavalerie qu'ils firent ne réussit pas ; et dès ce moment l'Egypte , qu'à la vérité on n'eut pu conserver encore long-temps , fut réellement perdue. Le général en chef des Anglais , lord Abercrombie, avait fait de très-savantes dispositions , mais il ne put jouir de son triomphe ; il fut frappé mortellement , et périt sur le champ de bataille , laissant le commandement de l'armée au général Hutchinson.

Bientôt , en vertu d'une convention , l'armée française , admirée de ses ennemis même, revint dans son pays natal sur des vaisseaux anglais. Cette convention n'eut rien que d'honorable ; et sauf les différences des lieux , on peut la rapprocher de celle par laquelle l'armée du duc d'York , qui tenta une descente en Hollande , eut la liberté de se rembarquer.

Plus j'avance dans cet aperçu rapide , plus je vois la nécessité d'arriver au terme , n'ayant plus à retracer que des faits pour ainsi dire encore sous nos yeux, et dont je ne fais mention que pour compléter ce recueil.

La paix d'Amiens, conclue le 23 mars 1801, entre la France et l'Angleterre, ne fut, comme on s'y attendait de part et d'autre dès les premiers jours, qu'une trève de peu de durée. Buonaparte forma-t-il sérieusement le projet d'une invasion en Angleterre, lorsqu'il lui aurait fallu combattre, avec de simples chaloupes canonnières, d'abord toute la puissante marine militaire des Anglais, les troupes qui se seraient opposées au débarquement, et enfin la population entière de l'île, s'il fût parvenu, par une espèce de prodige, à y mettre le pied ? c'est ce que l'on ignore. Sa fatale expédition de Russie prouve qu'il ne croyait pas qu'aucun obstacle pût l'arrêter. Il est du moins très-constant que les Anglais prirent les mesures les plus énergiques pour le combattre, et qu'il eut trouvé des ennemis à chaque pas s'il eut pu livrer quelques batailles sur le sol Britannique.

Quand il fut parvenu à son plus haut degré de prospérité, l'Angleterre se trouva dans une crise fort extraordinaire. Les ports du continent lui furent fermés, et elle eut pour ennemies les nations de l'Europe naguère ses alliées ; mais sa situation insulaire et la supériorité incontestable de sa marine écartèrent d'elle tout danger réel. Elle souffrit de n'avoir pas, pendant quelque temps, de débouchés en Europe pour les produits de ses manufactures et pour les denrées coloniales dont elle était en quelque sorte encombrée ; mais cet état ne fut pas de longue durée. Son ennemi lui-même prit soin par sa conduite de rapprocher d'elle des nations qui, lorsqu'elles avaient paru s'en écarter, n'avaient fait que céder momentanément à l'abus de la force.

On sait assez quelle fut sa conduite en Espagne, quand le délire de Buonaparte et la plus injuste de ses aggressions jeta dans les bras de l'Angleterre un peuple long-temps fidèle allié de la France, et gouverné par des princes de la même famille. Le général Wellesley, bientôt créé duc sous le nom de Wellington, commença par délivrer le Portugal ; ensuite, aidé des efforts des deux nations de la péninsule, il effectua l'affranchissement successif de toutes les Espagnes. L'histoire parlera de ses succès, que les Français ne se rappelleront jamais sans maudire l'auteur de tant de calamités, et la nécessité où il mit les Espagnols de se défendre avec tant d'énergie. Passant sur plus d'une époque douloureuse, où la valeur française, toujours intacte, servait les plus odieux projets, je fixerai les regards de mes jeunes lecteurs sur ces temps si rapprochés de nous et si consolans, où les Anglais aidaient le midi de la France à secouer le joug qui pesait encore sur nous, et où ils favorisaient l'énergie des Bordelais pour recouvrer la dynastie légitime et tutélaire de nos princes ; exemple mémorable que le reste de la France devait bientôt suivre avec transport !

Alors encore les Anglais affermissaient chez les Hollandais le retour de l'ancien ordre de choses ; enfin ils nous renvoyaient le dépôt sacré qu'ils nous avaient conservé avec tant de soin et de loyauté. Circonstance glorieuse et fortunée que j'ai eu soin de retracer dans les *Époques et Faits mémorables de l'histoire de France*. C'était sa véritable place ; et voilà pourquoi je ne parle point ici des mémorables adieux du roi de France et du prince régent d'Angleterre.

Ce nom de prince régent rappelle que depuis peu d'années le souverain vénérable des Anglais gémit sous les atteintes d'un mal cruel qui ne lui permet pas de partager la joie que cause la paix générale, ni la gloire incontestable dont sa nation s'est couverte dans la plus longue et la plus terrible lutte entre les principes de l'ordre social et le génie de la désorganisation.

Je viens de prononcer le mot de paix générale : je me suis trompé. Il existe encore en ce moment une guerre assez active entre l'Angleterre et les Etats-Unis d'Amérique. La plus énorme disproportion de forces maritimes qui fut jamais n'a pas empêché cette dernière nation de se hasarder sur la mer, où le succès a quelquefois couronné les efforts de ses défenseurs. La guerre a aussi été poussée avec vigueur sur terre ; mais jusqu'ici l'événement le plus important de cette guerre est celui dont je vais remettre l'aperçu sous les yeux de mes jeunes lecteurs.

Le 19 septembre, l'armée anglaise, forte de cinq mille hommes, débarqua à Benedict, sur la rive droite du fleuve Patuxent. Les canots armés poursuivirent le commodore américain Barney, qui commandait une flottille de dix-sept chaloupes canonnières. Le 22 cet officier mit le feu à sa flottille pour qu'elle échappât aux ennemis.

Alors le major général Ross, chef de l'armée anglaise, s'étant concerté avec le contre-amiral Cockburn, résolut de marcher sur Washington.

L'armée américaine, évaluée à huit mille hommes, était postée à Bladensburgh, à cinq milles de Washington. Elle fut si vivement attaquée le 24, qu'après avoir perdu tous ses canons et un assez grand nombre d'hommes, elle céda le champ de bataille aux Anglais, avec beaucoup de prisonniers, au nombre desquels était le commodore Barney, blessé.

Les vainqueurs continuèrent leur marche vers la ville et s'en emparèrent, n'ayant éprouvé qu'une très-faible résistance. Pendant la soirée et la nuit ils détruisirent tous les édifices et propriétés appartenant à l'Etat. C'était à Washington que se trouvait le seul dépôt d'artillerie des Etats-Unis. Le chantier et l'arsenal furent également anéantis. Les Anglais prétendent que l'armée américaine en fuyant avait commencé à les incendier.

Dès le 25 au soir, l'armée anglaise évacua la capitale des Etats-Unis ; mais dans un séjour de si peu de durée elle avait causé aux Américains des dommages énormes qui de long-temps ne pourront être réparés.

3

Les Anglais se portèrent ensuite sur Baltimore : les bonnes dispositions faites dans cette ville, et le peu de forces qu'ils avaient, furent cause qu'après une attaque inutile ils renoncèrent à leurs vues sur cette place importante.

Depuis cet événement les Américains ont eu sur les lacs et les frontières du Canada des avantages assez importans. Ils se sont plaints avec une extrême amertume que leurs ennemis avaient méconnu les lois de la guerre en détruisant les principaux édifices de leur capitale ; et leurs ennemis leur ont répondu d'abord qu'ils n'avaient fait qu'user de représailles, en ce que les Américains ayant occupé, au commencement de la guerre, quelques villes, bourgs ou villages des possessions anglaises dans le Canada , y avaient donné l'exemple de cette rigueur extrême et de cet esprit de destruction. Les Anglais ajoutent que la populace, qui est la même partout, a commis dans Washington les plus grands des excès dont on se plaint.

Quoi qu'il en soit, les ministres plénipotentiaires des deux puissances sont toujours à Gand. S'ils n'ont encore pu parvenir à conclure un traité de paix, il n'y a pas eu de rupture ; et à l'époque où je termine ce recueil, à la fin de décembre 1814, il y a des paris considérables ouverts à Londres et dans d'autres villes de l'Angleterre, que, sinon le traité définitif, du moins les préliminaires seront signés à une époque très-prochaine.

Littérature.

En mettant à part quelques écrivains, pour la plupart annalistes ou théologiens, qui parurent dans les siècles à demi-barbares, on rapporte à Chaucer l'origine de la littérature anglaise. Ce poëte ingénieux est peu lu, parce que lorsqu'il écrivit la langue n'était pas encore formée.

L'époque véritable où les lettres commencèrent à briller en Angleterre, est celle du règne d'Elisabeth : alors parut Spencer, auteur d'un poëme rempli d'imagination, intitulé *la Reine Fée*. Des allégories trop fréquentes et la difficulté de l'entendre, ont fait que sa réputation ne s'est guère étendue hors de l'Angleterre ; mais il conserve des partisans et mérite d'en avoir toujours.

Alors aussi parut cet homme extraordinaire, que l'on a jugé si diversement, ce Shakspeare, regardé par plusieurs de ses admirateurs comme une intelligence supérieure à l'espèce humaine, et mis par ses censeurs au-dessous des plus pitoyables écrivains. Selon ces derniers, Shakspeare dans ses plus belles

tragédies descend jusqu'aux traits de la nature
la plus ignoble, jusqu'à la farce, jusqu'à
des quolibets qui ne seraient pas supportables
sur les plus vils tréteaux.

Mais écoutez ses enthousiastes, Shakspeare
est par excellence le peintre de la nature. Sans
avoir reçu d'éducation, et dans un temps où
les lumières ni le goût n'étaient nullement
répandus, il a su, par la seule force de son
génie, s'élever à des conceptions sublimes.
Ses caractères sont d'une variété prodigieuse,
qui étonne l'imagination, et d'une vérité,
d'une profondeur qui doivent enlever tous
les suffrages. Il étincelle de traits sublimes,
et il n'est point chez les poëtes anciens ou
modernes de passage digne d'admiration
dont on ne retrouve chez lui l'équivalent.

Ce qu'il y a de vraiment étonnant, c'est
que l'une et l'autre de ces opinions sont également vraies, et qu'il n'est point d'ouvrage
de Shakspeare, pris au hasard, où l'on ne
trouvât abondamment sujet de les justifier
toutes deux. Il ne faut pas chercher chez lui
l'observation des règles : il les a méconnues
ou dédaignées. A des anachronismes, à des
fautes contre les bienséances qui révol-
tent, il joint tout aussitôt de ces peintures
achevées qui se gravent à jamais dans la

mémoire. Ses pièces sont des *monstres*, mais elles renferment des beautés de tous les temps et de tous les pays. Il a peint tous les sentimens, toutes les passions. Ses ouvrages ont été pour un grand nombre de poëtes de tous pays, des mines fécondes, je dirais presque inépuisables, où ils ont trouvé des trésors réels. Malgré de nombreux, d'inconcevables défauts, *Macbeth*, *Othello*, *le roi Léar*, *Roméo et Juliette*, *Hamlet*, *Jules-César*, *la Tempête*, *Richard III*, etc. etc. seront toujours des productions qu'un génie du premier ordre pouvait seul enfanter.

De son temps vivait Benjamin Johnson, connu sous le nom de Ben-Johnson. Il n'eut ni la fécondité ni la profondeur de Shakspeare; mais ses pièces, également déparées par de grands défauts, offrent des beautés. Beaumont et Fletcher, qui travaillèrent presque toujours ensemble, ne sont pas non plus sans mérite.

La philosophie, qui devait inspirer en Angleterre tant d'ouvrages recommandables, s'y fit connaître par celui que Voltaire en appelle le précurseur, par le fameux chancelier Bacon. Heureux si sa mémoire n'était pas entachée de reproches graves, et si, moraliste profond dans ses ouvrages, il n'eut pas souvent dévié de ses principes dans sa conduite !

Le dix-septième siècle vit naître un poëte qui n'honore pas moins sa patrie que Shakspeare lui-même ; ce fut Milton, dont le *Paradis perdu* n'est pas aujourd'hui moins connu chez toutes les nations policées qu'en Angleterre. On sait que cet ouvrage, souvent assez bizarre, mais que des beautés sublimes feront vivre éternellement, fut méconnu dans sa naissance, et que Milton mourut sans pouvoir se douter de l'immense renommée qu'il lui vaudrait. Milton eut le malheur d'embrasser la cause des adversaires de Charles Ier ; et son républicanisme le conduisit à être le valet d'un tyran. Il fut secrétaire, pour le latin, de Cromwell et de son parlement. Ceux qui admirent le génie de l'Homère anglais, sont réduits à dire que du moins Milton fut de bonne foi, ce qui est démontré par sa conduite. Devenu aveugle, il vécut dans la retraite et la médiocrité. Son *Paradis reconquis* fut l'erreur d'un homme de génie et un sujet mal choisi ; mais deux petits poëmes auxquels il a donné les titres italiens d'*Allegro* et de *Penseroso*, ne sont nullement indignes de l'auteur du *Paradis perdu*.

Waller, poëte aimable, chanta tour-à-tour Cromwell et son monarque légitime, (comme on l'a pu voir à l'article de Cromwell.) Cowley, poëte médiocre, eut quelque temps une réputation dont on s'étonne en lisant ses œuvres. Harrington rêva dans son *Océana* le plan d'une république ; et le malheur du temps, les crimes que commirent des hommes qui osaient s'appuyer sur la religion, inspirèrent à Hobbes des opinions trop hardies. Au reste, si j'ai cité cet écrivain, c'est pour avoir lieu d'annoncer que je ne dirai rien de plusieurs philosophes prétendus que l'Angleterre a vus naître, et dont les ouvrages sont capables de produire trop de mal pour que j'en indique même les titres.

Un vrai philosophe fut Robert Boyle, à qui la physique dut beaucoup, sous le règne de Charles II. Ces temps virent naître encore l'immortel Newton, dont tout le monde ne peut pas apprécier les ouvrages ; mais dont les savans ne prononcent le nom qu'avec le plus profond respect. L'idée qu'on s'est formée de lui est celle qui se trouve exprimée dans la fin de l'épitaphe placée sur son tombeau à VVestminster.

« *Sibi gratulentur mortales tale tantumque* » *extitisse humani generis decus.* »

« Que les mortels se félicitent de ce qu'il
» a existé un tel et si grand génie, honneur
» de l'espèce humaine. »

L'art de guérir a produit aussi des hommes illustres en Angleterre, tels que Har-
vey, qui découvrit la circulation du sang ;
Sydenham, Mead, Friend et tant d'autres,
auxquels il faut joindre ce docteur Jenner,
qui, de nos jours, a eu le bonheur, par la
découverte de la vaccine, d'être un des plus
grands bienfaiteurs de l'humanité.

Le nombre des écrivains qui ont traité des
matières théologiques est immense ; mais la
nature de leurs études ne se rapporte nullement à un recueil tel que celui-ci ; je me con-
tenterai donc de dire que l'Angleterre a eu
dans Tillotson un orateur sacré digne d'être
lu avec intérêt par ceux mêmes qui sentent
le mieux le grand mérite des nôtres.

Retournons aux muses profanes ; nous
trouverons d'abord le pathétique et malheureux Otway, auteur de *Venise sauvée* et de
l'*Orpheline*. Les Anglais l'appellent leur Ra-
cine : il est triste de penser que l'homme qui
mérita quelquefois un si grand éloge (quoique, au total, il soit exagéré) mourut litté-
ralement de faim, dans un pays qui s'honore

de protéger les talens, et où ses pièces furent applaudies.

Il n'a jamais existé qu'un Molière, mais Wycherley et Van-Brugh, dont il sera encore question comme architecte, sont deux comiques très - gais et très - spirituels. Il est fâcheux que l'extrême licence des pièces du premier n'en permette pas la lecture. Cependant on les a représentées, on les représente encore, et il n'est pas le seul qui ait ainsi déshonoré son esprit. Cet oubli de toute pudeur sur la scène anglaise est un fait aussi constant qu'impossible à expliquer.

Elle a cependant aussi des comiques dont les ouvrages peuvent amuser les honnêtes gens sans les faire rougir. Tel est Congreve, poëte élégant, spirituel, qui, ainsi que Van-Brugh, parut quelque temps après Wycherley, et qui a plus d'un rapport avec notre Destouches.

Outre Waller, les comtes de Dorset et de Roscommon se distinguèrent dans la poésie légère ou satirique, aussi bien que le comte de Rochester; mais le poëte le plus singulier de cette époque fut Butler, qui, dans un poëme héroï-comique intitulé *Hudibras*, se moqua des fanatiques, et ne contribua pas peu à les faire mépriser. Il rendit ainsi à Charles II des services réels; et je voudrais pouvoir ajouter que ce prince l'en récompensa autrement qu'en citant souvent des morceaux de son poëme. Cependant Butler n'était pas favorisé de la fortune.

Un poëte qui eut aussi à se plaindre d'elle fut Dryden. Il s'est exercé dans un très-grand nombre de genres, et jouit en Angleterre d'une réputation colossale; mais elle n'est pas aussi répandue chez les nations étrangères que celle de Pope, qui vécut peu de temps après lui.

Ce dernier poëte appartient à la brillante époque comprise depuis la mort de Charles II jusqu'à celle de Georges I.er, et qui renferme une quarantaine d'années. Pope, le plus harmonieux, le plus clair, le plus correct, le plus élégant des poëtes anglais, est auteur du fameux *Essai sur l'homme*, son chef-d'œuvre, et une des plus hautes conceptions de l'esprit humain; et de l'*Essai sur la critique*, excellent poëme didactique. Sa traduction d'Homère eut un succès prodigieux, et lui rapporta plus de cent mille écus. Si la nature avait favorisé ce poëte des plus rares talens, elle l'avait très-mal traité au physi-

que. Il était de la plus petite taille et contre-
fait. Il avait de plus dans le caractère une
extrême irritabilité. Ses ennemis l'attaquèrent sans relâche pour lui faire expier sa supériorité , et aussi pour se venger de ce qu'il
la leur faisait trop sentir. (1) Il leur répondit par un poëme satirique intitulé la *Dun-
ciade*, et les y traita sans ménagement. Ce
même auteur a fait sur *Une boucle de cheveux enlevée*, un petit poëme, chef-d'œuvre
de grâce et d'élégance. Cette facilité de traiter
les sujets de la plus haute philosophie et
ceux du genre le plus aimable, cette sensi-
bilité à la critique, ce penchant à la satire,
ce goût sûr, ce rare talent pour la versifica-
tion me font trouver des rapports aussi frap-

---

(1) Il reçut un jour par la plus heureuse et la
plus spirituelle réponse une leçon qui aurait dû
le corriger. Disputant sur la littérature avec un
homme sans prétentions aux talens, mais qui
soutenait son opinion avec fermeté, Pope crut le
réduire au silence en lui disant avec dédain :
« Vous qui voulez me contredire, vous ne savez
» peut-être pas ce que c'est qu'un point d'inter-
» rogation ? — Pardonnez-moi , répondit froide-
» ment son adversaire. Un point d'interrogation
» est une petite figure tortue, bossue, qui fait
» quelquefois des questions impertinentes. »

pans que singuliers entre le génie de Pope et celui de Voltaire.

Addison eut peut-être autant de célébrité que Pope dans son temps ; mais il demeure certain que, comme poëte, il fut trop exalté. Sa réputation repose aujourd'hui principalement sur son *Spectateur*, recueil, en effet, digne d'être lu et relu par les gens du goût le plus difficile. Il eut pour collaborateur dans cet ouvrage, Steele, qui en a fait les morceaux les plus piquans. Ceux qui se distinguent par une excellente critique et de très-bons tableaux de mœurs, appartiennent presque tous à Addison.

Swift, l'un des écrivains les plus originaux qui aient jamais paru, Swift, le Lucien, le Rabelais de l'Angleterre, a eu comme eux le tort de ne pas assez respecter ses lecteurs et les bienséances ; aussi n'entrerai-je point dans le détail de ses productions.

La muse tragique à cette époque put s'honorer des ouvrages de Rowe, poëte très-pathétique, et dont Colardeau ne nous a pas donné une assez juste idée lorsqu'il a emprunté de lui *la Belle pénitente*. Parnell, Garth, Philips, Prior, honorèrent aussi le parnasse anglais. Lady Montague a écrit comme eux un petit nombre de bons morceaux ; et cette dame s'est surtout fait un nom par les intéressantes *Lettres* écrites pendant son voyage à Constantinople, où son époux était ambassadeur. Gay et Moore ont fait des fables ingénieuses, quoiqu'il ne soit pas possible de convenir avec quelques écrivains anglais, égarés par l'amour du pays, que le premier aille de pair avec La Fontaine.

Ce fut encore alors que parurent des astronomes, des physiciens, des mathématiciens habiles, tels que Wallis, Halley et Flamstead ; quand aux philosophes je n'en citerai que deux pour les raisons que j'ai fait connaître ; mais certes il n'exista jamais d'écrivains plus dignes de ce nom, si honorable dans sa véritable acception ; ce sont Clarke, métaphysicien si profond et si religieux, et Locke, à qui l'on doit une si admirable analyse des opérations de l'entendement humain.

En Angleterre comme en France, aussitôt que le flambeau des lettres et des sciences eut jeté une si vive lumière, il ne s'est plus éteint. Les hommes illustres que je viens de nommer eurent et ont encore de dignes successeurs. La poésie s'enrichit des *Saisons* de

Thompson; Fielding publia des romans, parmi lesquels *Tom Jones* est un chef-d'œuvre, adopté par toutes les nations lettrées, aussi bien que les ouvrages si moraux de Richardson, dans un genre trop souvent frivole et quelquefois dangereux. Je passerai sous silence la foule des auteurs qui s'y sont encore exercés, en remarquant que parmi eux étaient et sont encore plusieurs dames. Si je fais une seule exception en faveur de madame Radcliffe, c'est que son genre sombre et mystérieux lui donne, quoique ses critiques aient pu dire contre elle, une physionomie particulière. Vers la seconde moitié du dernier siècle, Samuel Johnson s'est fait une très-grande réputation, principalement comme critique, ainsi que l'écossais Hugues Blair.

Parmi les poëtes qui soutiennent encore aujourd'hui en Angleterre la réputation acquise par leurs prédécesseurs, il serait injuste de ne pas mentionner M. Shéridan, auteur de la fameuse comédie *l'Ecole du scandale*, dont feu M. Chéron a fait réussir sur notre scène une imitation sous le titre du *Tartuffe de mœurs*. Je citerai encore pour terminer cette longue nomenclature, nécessairement incomplète , MM. Southey et Walter Scott, et lord Byron , auteurs de poëmes plus ou moins étendus ; mais qui ont généralement obtenu des succès mérités.

Beaux-Arts.

Sans examiner par quelles causes le goût des beaux-arts ne s'est répandu que tard en Angleterre, il suffit d'établir comme un fait que jusqu'au milieu de la dernière moitié du dix-huitième siècle, les seuls artistes qui ayent eu de la réputation dans ce pays furent étrangers. Charles Ier fut le premier roi qui manifesta pour la peinture un véritable intérêt. S'il accorda de grands honneurs et des récompenses à Rubens, il vit autant en lui le peintre illustre que l'envoyé du roi d'Espagne, Philippe IV. Charles attira ensuite Vandyck en Angleterre, et le fixa à sa cour, où, malgré ses prodigalités, cet artiste célèbre vécut avec magnificence. Vander-Faes, dit Lely, et Godefroi Kneller vinrent ensuite de Hollande et d'Allemagne acquérir par leurs talens pour le portrait une grande opulence. Quelques autres artistes étrangers, parmi lesquels il faut distinguer le bon coloriste français Lafosse, furent également accueillis et bien récompensés.

Les Anglais résolurent enfin d'avoir une école comme les Italiens, les Français et les Flamands. Cette généreuse émulation donna naissance, en 1769, à la société ou académie royale de peinture de Londres. Josué Reynolds, qu'on peut en considérer comme le fondateur, en fut le président. Il prononça en cette qualité des discours annuels dont la collection suffirait pour rendre son nom cher aux amis des arts. Peut-être n'existe-t-il pas sur ces intéressantes matières d'ouvrage plus judicieux et plus rempli d'excellens préceptes. Les mêmes mérites se retrouvent dans les notes qu'il joignit à une traduction anglaise du poëme didactique de Dufresnoy, sur la peinture.

Ce fut surtout par les portraits que Reynolds, comme peintre, acquit de la réputation et de la fortune ; cependant son tableau d'*Ugolino dans la tour avec ses enfans*, est justement célèbre.

Dès lors d'habiles artistes, tels que Gainsborough, Northcote, le suisse Fuessly, madame Angelica Kaufmann, allemande, Wilson, et plusieurs autres dont quelques-uns vivent encore, firent à l'école anglaise une assez belle réputation. Mais le goût prononcé des Anglais pour les portraits a toujours fait que l'histoire n'a été cultivée que par un petit nombre d'artistes. Celui de tous qui a de nos jours dans ce premier des genres la plus grande réputation, est M. West, originaire des Etats-Unis. Il porte le titre de peintre d'histoire du roi.

Avant la fondation de l'académie, il exista un artiste vraiment original, qu'il serait injuste de passer sous silence ; c'est Hogarth, dont les tableaux incorrects, mais énergiques, abondent en idées heureuses. Les Anglais le citent toujours avec orgueil ; et il est certain que personne n'a réussi comme lui dans le genre qu'il a en quelque sorte créé.

Si la pureté des formes, la sagesse, la noblesse de la composition ont été jusqu'ici peu connues dans l'école anglaise, il est juste de reconnaître qu'indépendamment des portraits, elle a réussi dans les autres genres secondaires. Les scènes familières, les paysages y sont bien traités, et les tableaux de marine, toujours recherchés, y ont été portés à un haut degré de perfection. Enfin, pour ne pas paraître contester à cette école aucun de ses avantages, j'avouerai que la *caricature* est traitée en Angleterre avec un rare succès ; mais il faut convenir que ce genre est le dernier de tous, et que, dans ce pays, il ressemble trop souvent à la critique amère, au lieu de n'être qu'une aimable plaisanterie.

La sculpture, à qui la pureté du dessin est indispensable, n'a pas fait encore en Angleterre de bien grands progrès, et l'on ne pourrait en ce genre citer aucun artiste du premier rang. M. Flaxman s'est fait une juste réputation, même hors de son pays, par ses compositions ; mais ce sont des dessins au simple trait, et non des bas-reliefs.

Il est bien vrai qu'il a existé en Angleterre une dame Anne Damer, dont les talens ont été très-vantés. Témoin ce vers ingénieux mis au bas d'une de ses statues :

« *Non me Praxiteles fecit, at Anne Damer.* »

« Ce n'est point Praxitèle, mais Anne Da-
» mer qui m'a fait. »

Sur quoi je remarquerai deux choses, l'une que ce vers est un plagiat fait à un poëte italien qui avait dit, long-temps auparavant, d'une autre statue :

« *Non me Praxiteles, sed Marcus fecit Agrati.* »

Mon autre observation est que, malgré un

si magnifique éloge, il n'existe aucun ouvrage célèbre de Marc Agrati ou de madame Damer. Tant il faut peu se fier à ces louanges contemporaines, souvent dictées par l'amitié, l'enthousiasme irréfléchi, ou même quelquefois, pour trancher le mot, par l'ignorance.

Les Anglais ont eu et ont encore dans l'architecture des succès plus réels. Sans parler d'un grand nombre de monumens, dits gothiques, et dont les auteurs sont inconnus, ni du nombre considérable de beaux édifices dont les villes et les campagnes sont décorées, il est certain qu'ils ont vu naître dans cet art trois artistes d'un rare mérite : Inigo-Jones, Christophe Wren et Van-Brugh. C'est au second que l'on doit la fameuse église de *Saint-Paul de Londres*, où il est enterré. Son épitaphe s'y termine par cette pensée, l'une des plus heureuses que l'on ait eues pour ces sortes d'inscriptions :

« *Si monumentum quœris, circumspice.* »

« Si vous cherchez un monument à sa » gloire, regardez autour de vous. »

Pour Van-Brugh il était de plus, comme j'ai eu occasion de le remarquer, poëte comique fort agréable : or, « Les hommes n'ai- » ment guère que l'on réussisse dans plu-

Q

» sieurs genres. » C'est Voltaire qui l'a dit, (1) et qui en parlait par expérience. Van-Brugh fut donc attaqué par un assez grand nombre de critiques et même d'épigrammes. On disait du château bâti par lui sous le nom de *Blenheim*, qu'il serait fort habitable si les appartemens en étaient aussi vastes que les murailles en étaient épaisses. Quand il mourut, un bel esprit faisant allusion à la phrase que les anciens plaçaient dans leurs épitaphes, (2) souhaita que la terre ne lui fût point légère, parce qu'il l'avait trop surchargée pendant sa vie. A ces sarcasmes il suffit d'opposer l'opinion de Reynolds, juge aussi compétent que désintéressé. « Le sort » de Van-Brugh, dit-il dans un de ses dis- » cours, fut semblable à celui du grand » Perrault : tous deux furent exposés aux » railleries de littérateurs malveillans, et » tous deux ont laissé dans leur art des » chefs-d'œuvre qui sont encore aujourd'hui » l'ornement de leurs patries, la façade du » Louvre, Blenheim et le château de Ho- » ward. »

____

(1) Préface de *Nanine*.
(2) *Sit tibi terra levis.*

Si de très-grands succès, des succès pour ainsi dire populaires, étaient toujours aux yeux des vrais connaisseurs des preuves d'un mérite supérieur, l'Angleterre posséderait les premiers graveurs du monde. Ses estampes au burin, à la manière noire, ou enluminées, sont répandues partout, et n'ont pas peu contribué à consolider la réputation de leur école. Il y a ici un juste milieu à tenir pour ne pas s'écarter de la vérité : il est incontestable que pour la netteté, le fini et l'agrément du travail, les graveurs anglais sont très-recommandables : les estampes même qui sont jointes aux livres sont exécutées par eux avec un soin extrême. Personne encore, il faut l'avouer, n'a mieux gravé le paysage que Woolet; mais en Italie, en Allemagne, et surtout en France, il se trouve aujourd'hui des artistes qui à ce fini précieux joignent une correction dont, à l'exemple de leurs peintres, les artistes anglais s'écartent souvent. Au reste, il est un mérite très-grand, sans doute, que l'on ne peut contester aux artistes anglais, c'est de s'attacher, par prédilection, à retracer les actions qui peuvent honorer leur patrie. Il est certain que le goût général de la nation les porte à choisir ces sujets de préférence aux autres ; mais enfin ils acquièrent ainsi des droits aux éloges de tous les gens de bien, indépendamment de ceux que l'on peut devoir à leurs talens. On en agit de même, je le sais, en France et dans d'autres pays ; mais peut-être pas d'une manière aussi constante.

FIN.

TABLE

DES MATIÈRES.

FIN DE LA TABLE.

www.ingramcontent.com/pod-product-compliance
Ingram Content Group UK Ltd.
Pitfield, Milton Keynes, MK11 3LW, UK
UKHW022055120726
13694UKWH00001B/160